인코텀즈 2020 7일만에 쉽게 끝내는 무역영어

인코텀즈 2020 7일만에 쉽게 끝내는 무역영어

이기찬 지음

중앙경제평론사

머리말

무역에 입문하려는 많은 사람이 영어 때문에 고민한다. 영어를 완벽하게 구사하지 못해서 외국인과 거래를 하는 데 지장이 있을지도 모른다는 두려움이 앞서기 때문이다.

물론 외국인과의 접촉이 필수적인 무역거래를 함에 있어서 영어실력이 중요한 것은 사실이다. 하지만 영어를 완벽하게 구사해야만 무역을 할 수 있는 것은 아니다.

무역현장에서 사용하는 영어는 어느 정도 정형화되어 있고 복잡한 표현을 사용하는 경우가 흔치 않기 때문에 무역영어의 실체를 파악하고 영어로 자신의 의사를 표현하는 요령을 익힌다면 영어 때문에 무역에 입문할 기회를 포기하는 불상사를 피할 수 있다.

이 책은 처음 무역에 입문하려는 초보자들이 무역영어에 대한 두려움에서 벗어날 수 있도록 무역영어의 다양한 모습을 소개하는 데 주안점을 두고 쓰였다.

제1장 〈무역영어의 이해와 요령〉에서는 무역영어의 실체와 무역영

어를 쉽게 잘할 수 있는 요령을 소개하며, 제2장 〈무역용어〉와 제3장 〈무역현장에서 자주 사용하는 영문표현〉에서는 무역 일을 할 때 자주 접하게 되는 무역용어와 영문표현을 소개하고, 제4장 〈무역영어 클리닉〉에서는 틀리기 쉬운 영어구문과 작문요령을 알려준다.

또한 제5장 〈상황별 영문표현〉과 제6장 〈주제별 영문표현〉에서는 무역현장에서 사용하는 주요 표현을 주제별, 상황별로 분류해서 소개함으로써 실무에서 활용할 수 있도록 하였으며, 마지막 제7장에서는 영문계약서를 비롯한 다양한 영문서식을 소개한다.

현재 시중에서 팔리고 있는 대부분의 무역영어 책에는 지나치게 많은 예문이 소개되어 있어서 초보자들이 끝까지 읽어볼 엄두를 내지 못하고 중도에 포기해버리는 경우가 많다.

그중에는 실제 무역현장에서 자주 사용되지 않거나 아주 특별한 경우에만 사용되는 표현도 다수 포함되어 있다. 취급품목이나 거래방식에 따라서는 평생 한 번도 사용할 기회가 없는 복잡한 문장을 이해하느라 아까운 시간을 허비할 수도 있는 것이다.

이 책에서는 오랫동안 무역현장에서 일한 경험을 바탕으로 실무에서 꼭 필요한 표현만을 엄선해서 소개함으로써 일반적인 무역업무를 처리하는 데 불편이 없도록 하였다.

끝으로 2020년 1월 1일부터 발효된 인코텀즈 2020의 주요내용을 부록으로 수록하여 무역현장에서 일할 때 참고할 수 있도록 하였다.

무역영어를 잘하기 위해서는 우선 영어에 대한 두려움에서 벗어나는 것이 중요하다. 이제까지 배운 영어만 가지고도 얼마든지 외국인과 의사를 소통하고 무역거래를 할 수 있다는 자신감이 필요하다.

영어로 의사를 소통하는 요령을 익히고 실제로 무역현장에서 쓰이는 기본적인 표현법을 익힌다면 누구나 영어에 대한 두려움에서 벗어날 수 있다.

이 책이 무역에 입문하려는 초보자들이 영어에 대한 두려움을 떨쳐버리는 데 도움이 되기를 기대해본다.

contents

머리말 5

Chapter 1 무역영어의 이해와 요령

무역영어는 없다 14
무역영어의 이해 16
무역상담을 위한 영어회화 요령 21
영문이름의 이해 38
영어인사법(English Greeting) 41
전화통화 요령(Telephone English) 44
무역통신문 작성요령 52
영문편지 작성요령 57

Chapter 2 무역용어

거래조건(Trade Terms) 60
결제방식(Payment Method) 63

신용장(Letter of Credit) 65

무역계약(Trade Contract) 68

선적서류(Shipping Documents) 70

포장(Packing) 72

운송(Transportation) 74

통관(Customs Clearance) 80

보험(Insurance) 81

Chapter 3 무역현장에서 자주 사용하는 영문표현

무역현장에서 사용하는 영문표현 84

Chapter 4 무역영어 클리닉

We placed an order to them은 정확한 표현일까 92

Advise는 '충고하다'가 아니다? 93

He agreed the proposal은 맞는 표현일까 94

look forward to에 대하여 95

Appreciate의 올바른 사용법 96

regret에 대하여 98

prefer의 정확한 사용법 99

Since의 올바른 사용법 100

上記와 下記의 표현법 101

혼동하기 쉬운 very와 much 103
can과 be able to의 올바른 사용법 104
'사양하지 말고 무엇을 하라'의 표현법 106
가격을 표현하는 방법 107
신용장이 개설되었을 때 108
선적을 통지할 때 109
때를 나타낼 때의 올바른 전치사 사용법 110
스케줄을 애매하게 표현할 필요가 있을 때 111
다른 사람의 말을 옮길 때 사용하는 단어들 113
공손한 표현들 114
일반영어와 다른 의미로 쓰이는 경우 116
영문직위는 나라마다 다를 수 있다 117
Commission Agent의 의미 119
'We'를 쓸 것인가, 'I'를 쓸 것인가 120

Chapter 5 상황별 영문표현

처음 편지를 보낼 때 124
답장을 보낼 때 126
답장이 지연되었을 때 128
답장을 촉구할 때 129
오랜만에 다시 접촉할 때 130
사실을 통보할 때 131
들은 얘기를 전달할 때 132

상황을 설명할 때 134
상대방이 보내온 편지를 이해하지 못했을 때 136
상대방의 이해를 구할 때 138
상대방에게 요청할 때 139
서류를 첨부할 때 140
거래제의 서신 샘플 141

Chapter 6 주제별 영문표현

인콰이어리(Inquiry) 146
오퍼(Offer) 148
거래조건(Trade Terms) 149
가격네고(Price Negotiation) 151
결제방식(Payment Method) 153
포장(Packing) 155
오더발주(Order Placement) 157
신용장(Letter of Credit) 159
생산일정(Production Schedule) 161
운송방법(Transportation Mode) 163
선적시기(Time of Shipment) 165
클레임(Claim) 167
에이전트 독점권(Exclusive Agency) 169
커미션(Commission) 171
해외출장(Overseas Business Trip) 173

Chapter 7 영문서식

Proforma Invoice 178

Purchase Order 179

Sales Agreement 180

신용장(Letter of Credit) 196

신용장 전문해석 198

상업송장(Commercial Invoice) 203

상업송장 작성요령 204

포장명세서(Packing List) 206

포장명세서 작성요령 207

선하증권(Bill of Lading) 209

선하증권 작성요령 210

Insurance Policy 214

Certificate of Origin 215

부록 개정 인코텀즈 2020 핵심 해설서 217

Chapter 1

무역영어의 이해와 요령

[무역영어는 없다]

무역영어라고 해서 일반영어와 크게 다를 것이 없다. 무역영어에서만 사용하는 특별한 문법이나 구문이 있는 것도 아니고 무역영어라고 해서 일반영어와 판이한 구조를 하고 있지도 않다.

단지 일반영어에서는 잘 사용하지 않는 무역용어가 등장한다는 것을 빼놓고는 일반영어와의 차이점을 찾기가 힘들다. 이는 내국인을 상대로 사업할 때도 일부 특수한 전문용어를 사용하는 것을 제외하고는 일상생활에서 사용하는 말을 그대로 사용하는 것과 마찬가지다.

그러므로 일반영어와 대비되는 특별한 형식의 무역영어가 있는 것이 아니라 일반적인 영어의 일부분으로서 무역용어를 사용하는 무역영어가 있다고 이해하는 것이 바람직하다.

결국 무역영어를 잘하기 위해서는 일반적인 영어실력을 키우면서 무역실무에서 등장하는 무역용어를 익혀야 한다는 결론에 도달하게 된다. 물론 간혹 무역현장에서 사용하는 특유의 문체나 표현방식이 있을 수도 있지만 이 또한 일반영어의 한 부분으로 보는 것이 타당하다.

아직 영어를 사용해서 무역업무를 처리해본 경험이 없는 사람들 중에는 무역영어라는 별개의 영어가 있는 것으로 잘못 이해하고 새로 영어공부를 해야 한다는 부담감을 가질 수도 있지만 이는 잘못된 생각이다. 일반적인 영어와 대비되는 뜻에서의 무역영어란 없다는 인식을 갖는 것이 중요하다.

[무역영어의 이해]

일반영어와 마찬가지로 무역영어도 크게 독해, 작문, 회화, 문법 등으로 나누어 생각할 수 있다. 즉 무역을 하기 위해서는 외국인이 보내오는 통신문을 이해하고 외국인에게 자신의 의견을 통신문으로 작성해서 전달해야 한다. 또한 필요에 따라 외국인과 직접 대화를 나눌 수 있어야 하고 이를 뒷받침할 수 있는 기본적인 문법실력을 갖추어야 한다. 이를 부문별로 나누어 살펴보기로 하자.

독해(讀解)

외국인이 보내오는 통신문을 해석하고 이해하는 것은 크게 어려울 것이 없다. 무역통신문의 특성상 간결하고 명확한 표현이 주류를 이루고 아주 특별한 경우가 아니면 복잡한 문장이나 난해한 표현의 사용이 자제되기 때문이다.

실제로 무역업무를 처리하면서 외국인이 보내오는 통신문을 읽어보면 이해하기가 어려울 정도로 복잡한 문장은 찾아보기가 힘들다.

무역통신문이 특별히 평이한 이유는 무역통신문의 목적이 감동을 창출하기보다는 사실을 있는 그대로 신속 정확하게 전달하는 데 있기 때문에 문학작품에서와 같은 세밀한 묘사나 아기자기한 수식을 필요로 하지 않기 때문이다. 따라서 계약이나 복잡한 클레임과 관련된 통신문을 제외하고는 대부분 몇 줄 안 되는 단문으로 이루어지는 경우가 많다.

이와 같이 대부분의 무역통신문이 평이한 문장으로 이루어지기 때문에 무역통신문을 이해하기 위한 별도의 독해훈련은 필요하지 않다. 다만 일반영어에서 사용하지 않는 무역용어가 등장하므로 기본적인 무역용어의 뜻은 파악해두어야 한다.

작문(作文)

비단 무역영어뿐만 아니라 일반영어에 있어서도 어려운 것 중의 하나가 작문이다. 아무리 복잡한 문장도 술술 해석하고 외국인과 대화를 나누는 데 아무런 문제가 없는 사람 중에도 짧은 문장 하나 쓰지 못해서 쩔쩔매는 경우가 있다. 작문실력은 상당 기간 동안 지속적인 훈련을 통해서만 길러지는 것이기 때문에 평소에 글을 쓸 기회가 없는 사람이 갑자기 좋은 글을 쓰기란 거의 불가능하다.

하지만 무역통신문에서 사용하는 표현은 상황별로 정형화되어 있어서 비록 단어나 문법실력이 떨어지는 사람이라도 상황에 따른 표현법을 익히기만 하면 기본적인 통신문을 작성하는 것이 가능하다. 무역통신문의 특성상 사용하는 단어가 제한되어 있으며 문법적으로도 복잡한 지식이 요구되는 경우가 드물기 때문이다.

문장력은 꾸준한 연습을 통해서만 향상시킬 수 있다. 그렇다고 무작정 아무 문장이나 써보는 것은 계속하기도 힘들고 크게 효과적이지도 않다. 그보다는 실무에 들어가서 실제 상황을 놓고 통신문을 작성하는 훈련을 하는 것이 보다 효과적이다. 처음에는 문장 하나를 만드는데 힘도 들고 시간도 많이 소요되겠지만 시간이 갈수록 문장력이 향상되는 것을 느낄 수 있을 것이다.

작문실력을 보다 효과적으로 향상시키기 위해서는 남이 써놓은 문장을 하나둘씩 자기 것으로 만드는 것이 좋다. 특히 영어권에서 보내온 통신문의 문장들을 반복적으로 학습하면 상당히 좋은 결과를 얻을 수 있다.

회화(會話)

회화실력을 기르기 위해서는 자주 외국인과 대화를 나누는 것보다 더 좋은 방법이 없다. 아무리 좋은 교재라도 직접 외국인과 대화하는 것을 따라갈 수는 없다.

물론 유형별로 기본적인 표현정도는 익혀두는 것이 바람직하지만 교재에 나오는 모든 표현을 마스터한 다음에야 외국인 앞에 나서겠다고 하는 것은 현명한 태도가 아니다. 아무리 교재에 나오는 표현을 마스터하더라도 실제로 외국인과 대화를 나누다보면 막히는 부분이 있기 마련이고 너무 많은 표현을 머릿속에 담고 대화를 나누다보면 오히려 혼동만 초래할 수 있기 때문이다.

특히 무역거래를 위해서 외국인과 직접 대면하거나 전화통화를 하는 데 있어서는 일반적인 회화교재의 표현방식을 달달 외우기보다는 대화의 주제가 되는 상황에 대한 정확한 인식이 우선되어야 한다. 문법적으로 틀린 것이 없으면서도 대화의 내용이 겉도는 것보다는 다소 문법적으로는 문제가 있더라도 정곡을 찌르는 것이 중요하기 때문이다.

또한 무역거래를 위한 대화에서는 정확한 의사전달이 무엇보다도 중요하다는 인식을 갖고 쓸데없이 말을 빨리 하려고 애쓰다가 의사전달에 문제가 생기는 것보다는 다소 느리다는 느낌을 주더라도 정확하게 또박또박 말하는 습관을 들이는 것이 좋다.

문법(文法)

문법은 모든 영어의 기본이다. 기본적인 문법지식이 없이는 영어로 말하거나 글을 쓰거나 남이 쓴 글을 제대로 이해하는 것이 불가능하다. 특히 시제나 인칭같이 중요한 문법을 무시한 문장을 말이나 글로 잘못 표현했다가는 자신의 의사를 제대로 상대방에게 전달하지 못할 수도 있다. 관계대명사의 용법을 제대로 이해하지 못해서 중요한 서류의 뜻을 잘못 해석해 낭패를 볼 수도 있다. 그만큼 문법의 중요성은 간과할 수가 없다.

하지만 비즈니스를 위해서 영어를 사용할 때는 문법에 대한 지나친 집착은 떨쳐버리는 것이 좋다. 좀 심하게 말하면 최소한 시제와 인칭만 틀리지 않으면 의사소통에는 지장이 없다는 식의 배짱이 필요하다. 실제로 비즈니스를 위해서 사용하는 영어에서 복잡한 문법지식이 동원되는 경우는 흔치 않다.

따라서 무역영어를 잘하기 위해서 별도로 문법공부를 하기보다는 자연스럽게 외국인과 접촉하다보면 자기도 모르는 사이에 새로운 문법지식도 늘 것이라는 믿음을 갖는 것이 중요하다.

[무역상담을 위한 영어회화 요령]

무역상담을 위해서 외국인을 직접 만나야 할 경우 영어 혹은 현지어로 상대방과 의사소통을 할 수 있어야 한다. 아무리 문법이나 작문에 능하다고 하여도 직접 만났을 때 원활한 의사소통이 되지 않고는 거래를 성사시킬 수가 없다.

아직 영어에 자신이 없는 사람이 실제로 영어로 의사소통을 하기 위해서는 몇 가지 요령이 필요하다. 요령만 익힌다면 새로 영어를 배우지 않고도 어지간한 의사소통에는 문제가 없다.

물론 전문적인 토론이나 철학적인 대화를 나누려면 별도의 훈련이 필요하겠지만 일상적인 대화나 간단한 무역상담을 하는 데는 이제까지 배운 영어만으로도 얼마든지 가능하다. 그러기 위해서는 다음과 같은 요령을 새겨둘 필요가 있다.

상대방이 말할 때 집중하라

원활한 의사소통을 위해서는 우선 상대방이 말하는 것을 정확하게 이해해야 한다. 상대방이 무슨 말을 했는지를 정확히 파악하지 못하면 엉뚱한 답변을 하거나 겉도는 얘기를 할 수밖에 없다. 대화가 제대로 이어질 수가 없는 것이다.

영어에 자신이 없을수록 상대방이 말할 때 집중해서 듣지 않고 자신이 해야 할 말을 머릿속에서 영작하느라 상대방의 말을 놓치기 십상이다. 한번 상대방의 말을 놓치면 이를 회복하기가 점점 힘들어진다. 앞에 한 말을 알아듣지 못하게 되면 뒤에 이어지는 말을 알아듣기가 점점 힘들어지기 때문이다.

따라서 상대방이 말할 때는 일단 상대방이 말하는 것을 집중해서 듣는 습관을 들이는 것이 중요하다. 영어가 어느 정도 궤도에 오를 때까지는 상대방이 말하고 있는 동안에는 의식적으로라도 자신이 말할 내용을 생각하지 않는 것이 좋다.

상대방의 말이 끝난 다음에 자신이 할 말을 생각해도 늦지 않는다. 상대방의 말이 끝난 후에 조금 뜸을 들이면서 자신이 할 말을 정리해서 말하면 된다. 상대방의 말이 끝나자마자 대화를 이어가야 한다는 강박관념에서 벗어날 필요가 있다.

상대방이 한 말을 제대로 알아듣지 못하고 동문서답을 하는 것보다는 다소 갑갑한 느낌이 들더라도 충분한 시간을 갖고 자신의 생각을 정리해서 대화를 이어가는 것이 바람직하다.

천천히 말하라

영어에 자신이 없을수록 천천히 말하는 것이 중요하다. 영어에 자신이 없을수록 말이 빨라지는 경향이 있는데 자신이 영어를 못 한다는 것을 남에게 보여주기 싫어서 자꾸 말이 빨라지는 것이다.

실력이 갖추어지지 않은 상태에서 말을 빨리 하다보면 생각지 않은 실수를 저지르게 마련이다. 그뿐 아니라 이쪽에서 말을 빨리 하면 상대방의 말도 자연스럽게 빨라지게 마련이어서 상대방이 하는 말을 알아듣기가 점점 힘들어지게 된다. 자신이 할 말도 엉망진창이 되고 상대방의 말도 잘 알아듣지 못하는 그야말로 수습하기 어려운 상황에 이르게 되는 것이다.

그렇다고 무작정 느리게만 말하는 것이 바람직한 것은 아니다. 너무 느리게 말하다보면 말하기 전에 이런저런 것을 생각하는 습관이 생겨서 오히려 자유롭게 말하려는 것을 방해받게도 된다.

가장 좋은 것은 보통 말하는 것보다 약간 느리다고 생각할 정도로 다소 천천히 말하는 것이다. 물론 말하면서 말의 속도를 너무 의식해서도 안 되겠지만 영어에 자신이 없을수록 의식적으로 천천히 말하려고 노력하는 것이 필요하다.

또박또박 말하라

개중에는 영어실력이 그다지 뛰어나지 않은데도 말을 할 때 혀를 굴리고 현지인의 발음을 따라 하느라고 애쓰는 사람이 있다. 처음부터 정확한 발음을 익히는 것은 바람직한 일이지만 의사소통이 목적인 경우에는 사정이 다르다.

발음에 지나치게 신경 쓰다보면 자유로운 대화가 방해받을 수도 있다. 아직 영어실력이 궤도에 오르기 전까지는 가급적 말을 할 때 말하려는 내용 외에는 신경을 덜 쓰는 것이 좋다. 발음이나 다른 것에 신경을 쓰는 만큼 말하는 내용에 집중이 되지 않아서 아직 자유롭게 말이 나오는 단계가 아닌 상태에서는 말을 하기가 점점 힘들어질 수 있기 때문이다.

오히려 처음에는 어린아이가 우리나라 말을 하듯이 또박또박 말하는 것이 좋다. 듣기에 따라서는 부자연스럽게 들릴 수도 있지만 의사소통이 최대의 목표라면 남의 이목을 의식할 필요가 없다.

그야말로 자신의 의사만 전달할 수 있다면 발음이 나쁘든 부자연스럽게 들리든 그런 것은 신경 쓸 필요가 없는 것이다. 국제회의에서 비영어권 사람들이 발언할 때 발음이 상당히 부자연스럽고 딱딱한 경우가 많지만 그런 발음 때문에 그들의 발언내용을 알아듣지 못하는 경우는 드물다.

그렇다고 끝까지 발음을 무시하라는 것은 아니다. 처음부터 발음에 신경을 쓰다보면 말하기가 점점 더 두려워져서 영어로 말하는 습관을 들이기가 힘들어질 수도 있으니 어느 정도 영어로 의사를 표현하는 것이 익숙해질 때까지는 발음을 지나치게 의식하지 않는 것이 바람직하다는 것이다.

물론 처음부터 정확하게 발음하는 습관을 들여놓지 않으면 나중에 발음을 교정하기가 힘들다는 주장도 있을 수 있지만 일단 입을 여는 것이 중요하므로 아직 영어에 자신이 없을수록 지나치게 발음에 신경

쓰는 것은 피하는 것이 좋다.

여기서 발음에 신경 쓰지 말라는 것은 사전에 나와 있는 발음기호를 무시하고 아무렇게나 발음하라는 뜻이 아니고 의식적으로 현지인처럼 혀 꼬부라진 소리를 내려고 할 필요가 없다는 것을 강조한 것이다.

짧게 말하라

영어에 자신이 없을수록 똑같은 말을 할 때 말이 길어지는 경우가 많다. 짧게 얘기하면 무언가 틀릴 것 같은 두려움이 앞서서 한마디로 하면 될 것을 두 마디로 하고 두 마디면 될 것을 서너 마디로 하염없이 늘려서 말을 하다가 실수를 저지르고 수습을 하지 못하는 경우도 많다.

하지만 말의 길이와 영어실력과는 아무런 상관이 없다는 것을 주목할 필요가 있다. 오히려 영어실력이 좋은 사람일수록 같은 내용을 짧게 표현하는 능력이 뛰어나게 마련이다.

특히 회화에 있어서는 과감한 생략이 필요하다. 물건값을 알고 싶으면 그냥 How much?라고 하면 되고 '커피 드시겠습니까?' 하고 물어볼 때도 Would you like a cup of coffee?라는 문장을 생각해내느라 애쓸 필요 없이 그냥 Coffee?라고 하면 된다. '영어 할 줄 아십니까?'는 그냥 Speak English?, '담배 피워도 됩니까?'는 Smoking, OK?라고 하면 된다. 상대방의 질문에 대답할 때도 Yes, I do. No, I don't. Yes, I did. No, I didn't. Yes, I will. No, I won't 이런 식으로 간단히 대답

하는 습관을 들이는 것이 좋다.

물론 너무 단답식으로 짧게 말하다보면 정중하지 못하고 성의가 없다는 인상을 줄 수도 있지만 이런 문제는 말할 때 웃는 표정을 한다든지 해서 기술적으로 커버하면 된다.

짧게 표현해도 될 것을 공연히 길게 늘어놓다보면 말하는 사람뿐만 아니라 듣는 사람도 갑갑해할 수가 있다. 단어 하나로 의사소통이 가능하다면 굳이 긴 문장으로 상대방의 소중한 시간을 뺏을 필요가 없는 것이다.

영어가 서툴수록 완벽한 문장을 만드는 훈련을 쌓는 것이 바람직하다는 주장도 일리가 있지만 일단 영어로 말문을 여는 것이 시급한 사람들이라면 짧게 말하는 요령부터 익히는 것이 좋다. 짧게라도 자주 말을 하면서 영어에 대한 두려움을 없애다보면 언젠가는 긴 문장을 정확하게 말할 수 있는 능력이 생길 것이다.

문법을 잊어라

외국인과 대화하면서 지금 자신이 하고 있는 말 중에 문법적으로 틀린 것이 없는지를 생각하는 것처럼 어리석은 일은 없다. 말하면서 문법을 생각하는 것은 말하는 것을 점점 더 어렵게 만들 뿐이다. 자신이 한 말을 상대방이 알아듣기만 한다면 문법은 다 틀려도 상관없다는 배짱이 필요하다.

문법실력이 완벽해질 때까지 영어로 말하지 않겠다는 것은 아예 영어로 말하는 것을 포기하겠다는 것과 다름없다. 문법을 의식하면 할수록 말을 하기는 점점 더 어려워진다. 말을 하기에 앞서 문법적으로 틀린 것이 없는지를 생각하기 때문이다.

그렇다고 문법을 완전히 무시하라는 뜻은 아니다. 평소 문법에 관심을 갖고 꾸준히 공부하는 것은 나쁠 것이 없지만 일단 외국인과 대화를 나눌 때는 문법을 잊어버리고 대화의 내용에만 신경을 쓰는 것이 바람직하다.

여기서 문법을 잊어버린다는 것이 문법을 무시하라는 뜻이 아님을 유념해야 한다. 문법이란 오랜 세월을 두고 자연스럽게 몸에 배어야지 의식적으로 문법에 맞는 말을 하겠다고 해서 되는 것이 아니다. 비단 영어뿐만 아니라 무슨 일을 하든 간에 지나치게 의식을 하게 되면 오히려 잘 안 되기 마련이다.

물론 아무리 말할 때 문법을 의식하지 않으려고 해도 자신도 모르게 문법에 관련된 생각들이 떠오르는 것을 어쩔 수는 없지만 그럴 때마다 자신이 문법적으로 틀릴 수도 있다는 것을 받아들이는 자세가 필요하다.

자신의 문법실력이 완벽하지 못하다는 것을 인정하고 문법에 틀린 말을 하는 것을 창피하게 생각하지 않는다면 문법에 대한 지나친 집착으로부터 조금은 자유로워질 수 있을 것이다.

쉬운 단어로 표현하라

똑같은 말을 할 때 가급적 쉬운 단어를 사용해서 표현하는 습관을 들이는 것이 좋다. 영어를 힘들어하는 사람 중에는 쉬운 단어를 놔두고 어려운 단어부터 머리에 떠올리는 사람이 많다. 예를 들어 무엇을 '참다'는 endure라는 단어부터 떠올리지만 endure 대신에 put up with를 사용하면 따로 단어를 외우지 않고도 훨씬 세련된 표현을 할 수 있다.

마찬가지로 '승차하다'는 get on, '하차하다'는 get off, '저축하다'는 put aside, '(옷을) 입다'는 put on, '닮다'는 take after, '인계받다'는 take over 등과 같이 get, put, take 등의 요술동사를 활용하면 얼마든지 다양한 표현을 할 수가 있다.

혹자는 이렇게 쉬운 단어를 사용해서 표현하는 것이 단어실력이 모자라서 그러는 것으로 생각하기도 하지만 영어를 잘하는 사람일수록 이런 요술단어의 사용에 능숙하다는 것을 주목할 필요가 있다. 실제로 외국영화의 대사를 유심히 들어보면 이와 같은 요술단어들의 사용이 빈번함을 피부로 느끼게 된다.

문제는 이런 요술단어들의 표현법을 어떻게 익히느냐 하는 것인데 시중에는 이런 단어를 사용한 표현만을 따로 모아놓은 책도 나와 있지만 이를 별도로 공부하는 것은 오히려 혼동을 초래할 가능성이 있다. 따라서 이런 표현들을 별도로 공부하기보다는 외국인과 대화를 나누는 과정에서 하나둘씩 자연스럽게 받아들여서 자기 것으로 만드는 것이 좋다.

제스처를 활용하라

직접 대면해서 대화를 나눌 경우에 가급적 제스처를 많이 사용함으로써 부족한 영어실력을 보충할 수 있다. 말로 표현하기에는 어려운 것도 간단한 제스처 하나로 표현할 수 있기 때문이다. 제스처로 통할 수 있다면 굳이 어려운 말을 할 필요가 없다.

상점에서 물건을 샀는데 마음에 들지 않아서 바꾸려고 할 때 영어로 뭐라고 해야 할지 모르겠다면 운동경기 도중에 감독들이 선수를 교체할 때 취하는 제스처를 흉내내면 된다. 거기다가 change라는 단어 한 마디를 덧붙이면 누가 보아도 물건을 바꾸고 싶어 한다는 것을 알아차리게 될 것이다. eyeglass(안경)라는 단어가 생각나지 않으면 두 눈에 동그라미를 갖다대면 되고 deer(사슴)라는 단어 대신에 머리 위에 뿔 표시를 하고 날렵하게 뛰어가는 흉내를 낼 수도 있다.

부족한 영어실력에도 불구하고 외국인과 의사소통을 하려면 제스처의 도움이 절대적으로 필요하다. 아무리 천천히, 또박또박 짧게 말하려고 해도 아무 말도 생각나지 않을 때는 별수 없이 제스처의 힘을 빌릴 수밖에 없다.

그럴 때 쓸데없는 자존심을 내세워 제스처로 의사전달을 하는 것을 창피하게 생각할 필요가 없다. 제스처도 언어의 일부분이라는 믿음을 가지고 영어가 생각나지 않을 때는 과감하게 멋진 제스처를 생각해내는 지혜가 필요하다.

너무 제스처에 의존해서 표현하다보면 점점 더 영어로 표현하는 기술을 익히기가 힘들지 않겠느냐는 주장도 있을 수 있지만 일단 제스처에 의존해서라도 외국인과 자주 대화를 나누다보면 자연스럽게 제스처의 힘을 빌리지 않고도 영어로 대화할 수 있는 실력을 기를 수 있을 것이다.

상대방의 말을 알아듣지 못했을 경우의 대처방안

아무리 영어를 잘하는 사람이라도 남이 하는 말을 알아듣지 못하는 경우가 있기 마련이다. 상대방이 말할 때 잠시 딴생각을 할 수도 있고 소음 때문에 상대방의 말이 들리지 않을 때도 있고 모르는 단어가 나오거나 여러 가지 이유로 상대방이 한 말을 제대로 알아듣지 못할 경우가 생기게 마련이다.

어떤 경우든 상대방이 한 말을 알아듣지 못했을 때는 반드시 Pardon?, Excuse me?, Sorry?라고 말해서 상대방으로 하여금 다시 한번 말해주도록 요청하는 것이 중요하다. 우리나라 사람들 중에는 자존심 땜에 영어를 못 알아들었으면서도 알아들은 척하고 넘어가는 경우가 많은데 참으로 큰 문제가 아닐 수 없다.

영어가 부족한 사람들이 외국인 앞에 나서기 꺼리는 이유 중에 하나가 상대방이 하는 말을 알아듣지 못하면 어떻게 하나 하는 걱정 때문인데 무조건 Pardon?, Excuse me?, Sorry?라고만 하면 상대방에서 보다 쉬운 말로 다시 해줄 터이니 걱정하지 않아도 된다.

이때 조심할 것은 반드시 끝을 올려야 한다는 것이다. 다시 한번 말했는데도 또 못 알아들었으면 또다시 Pardon?, Excuse me?, Sorry?라고 하면 좀 더 쉬운 영어로 말해줄 것이다. 그렇게 반복하다보면 언젠가는 알아듣게 될 것이다. 상대방과 친한 사이라면 Come again?, What?, Say what?, What did you say? 등과 같이 말해도 된다.

만일 상대방이 하는 말을 듣는 도중에 어느 부분을 알아듣지 못했는데도 상대방이 말을 끊지 않고 계속해서 말하려고 할 때에는 일단 Wait!라고 해서 상대방의 말을 중단시킨 후에 I'm sorry, I couldn't follow you 또는 I'm sorry, I don't get it이라고 하면 된다.

상대방이 말을 하는 도중에 끼어드는 것이 실례라고 해서 알아듣지도 못하는 말을 계속해서 끝까지 듣고 난 후에 처음부터 다시 말해달라고 하기보다는 과감하게 중간에서 중단시키고 다시 말해달라고 부탁하는 것이 상대방에게도 덜 미안한 것이다.

특정단어의 뜻을 모를 경우의 대처방안

상대방이 한 말을 전체적으로 못 알아들은 것이 아니고 그중에 어느 특정 단어의 뜻만 모를 경우에는 What does (모르는 단어) mean?이나 What's the meaning of (모르는 단어)? 또는 What do you mean by (모르는 단어)?라고 하면 된다. 이런 문장만 알고 있으면 외국인과 영어로 대화하는 중에 모르는 단어가 나오면 어쩌나 하는 걱정에서 해방될 수 있다.

이렇게 물으면 상대방에서 이쪽의 단어수준을 감안해서 좀 더 쉬운 단어를 사용해서 알아듣지 못한 단어를 설명해줄 것이다. 예를 들어 상대방이 Where is the pharmacy?라고 물었는데 pharmacy의 뜻을 모른다면 What does pharmacy mean?이라고 물으면 상대방이 It's a store where we can buy medicines라고 설명해주어서 pharmacy의 뜻을 알게끔 해줄 것이다. 만일 설명해준 문장 속에 또 모르는 단어가 있으면 다시 What does (모르는 단어) mean?을 사용해서 물어보는 것을 되풀이하면 된다.

이와 같이 대화 중에 모르는 단어가 나올 때마다 그냥 넘어가지 않고 뜻을 확인하고 넘어가는 습관을 들이면 상대방이 이쪽의 단어수준이 높지 않다는 것을 눈치채고 좀 더 쉬운 단어를 사용하게 되므로 모르는 단어와 마주칠 기회는 점점 더 줄어들게 된다.

결론적으로 영어로 대화할 때 상대방에게 자신의 영어수준을 빨리 드러내는 것이 중요하다. 실제로 영어를 잘하지도 못하면서 영어를 잘하는 척했다가는 점점 더 걷잡을 수 없는 상황으로 치달을 수 있다는 것을 명심할 필요가 있다.

모르는 단어를 그냥 대충 해석해서 낭패를 당하는 것보다는 자존심이 좀 상하더라도 모르는 것을 솔직하게 밝히고 정확한 뜻을 파악하는 습관을 들이는 것이 장기적으로 영어실력을 향상시키는 데 도움이 될 것이다.

자신이 말하고자 하는 단어가 생각나지 않을 경우의 대처방안

상대방이 사용한 단어 중에 모르는 것이 있으면 What does (모르는 단어) mean?이라고 물어서 확인하면 된다고 했는데 그러면 자신이 말하고자 하는 단어가 생각나지 않거나 모를 때는 어떻게 할 것인가?

이런 때는 I mean 혹은 it means를 사용해서 설명하면 된다. 즉 대리석에 대해서 이야기를 해야 하는데 marble이라는 단어가 생각나지 않는다면 I mean a kind of stone that is used for the floors or walls of a nice hotel이라고 말하면 된다. 이때 I mean이나 it means는 생략해도 된다.

이런 식으로 설명하면 비록 marble이라는 단어를 몰라도 상대방에서 자신이 말하고자 하는 단어가 대리석임을 알게 된다. 만일 한 번 설명했는데도 상대방이 알아듣지 못한다면 다른 단어나 표현을 사용해서 상대방이 알아들을 때까지 설명하면 된다.

의문문을 두려워 마라

영어로 곧잘 말하다가도 의문문만 나오면 헤매는 사람이 있다. 문장이 길거나 의문사를 사용하는 데 익숙하지 않은 경우 긍정문을 먼저 생각해서 의문문으로 바꾸는 과정을 거치면서 처음에 의도했던 내용을 잊어버리기도 하고 문장 자체가 엉망진창이 되기도 한다.

의문문에 대한 부담 때문에 아예 영어로 질문하는 것을 포기하는 경우까지 있다. 하지만 주어와 동사를 바꾼다든지 내용별로 적합한 의문사를 사용하는 요령만 터득하면 의문문이라고 해서 특별히 어려울 것이 없다.

정 의문문을 만드는 것이 부담스럽다면 구태여 의문문을 만들려고 애쓰지 말고 그냥 긍정문으로 말하면서 말끝의 억양만 올리면 된다. 예를 들어 "당신은 내일 학교에 갈 것입니까?"는 Will you go to school tomorrow?라고 해야 하지만 You will go to school tomorrow?라고 해도 상대방이 알아들을 수 있다. 마찬가지로 Where do you want to go?라는 문장도 긍정문으로 바꾸어서 You want to go where?라고 하면 된다.

이와 같이 긍정문의 끝을 올려주는 방식으로 의문문을 만들면 어순을 바꾸지 않아도 되므로 보다 수월하게 의문문을 만들 수 있다. 물론 그런 문장이 문법적으로 맞는가 아닌가 하는 것에 대한 논의는 있을 수 있지만 의사를 전달한다는 차원에서만 보면 문제될 것이 없다.

의지할 말을 확보하라

우리나라 말을 할 때도 할 말이 생각나지 않거나 생각이 정리되지 않아서 말문이 열리지 않을 때면 무의식적으로 '에…', '저…' 등과 같은 말을 하면서 시간을 버는 경우가 많다.

일종의 말버릇이라고 할 수 있는데 이런 말버릇이 남 앞에서 말을 할 때 큰 의지가 될 수도 있다. 말이 막히면 언제라도 그런 말에 의지해서 시간을 벌 수 있다는 믿음이 생기기 때문이다.

영어를 제대로 구사하는 사람들 중에도 이와 같은 의지할 말을 가지고 있는 사람들이 많다. Well…, You know…, You see…, Anyway 등이 대표적인 말인데 이런 말들은 아무런 뜻이 없이 습관적으로 나오는 경우가 대부분이다.

영어에 자신이 없는 사람일수록 의식적으로라도 자신이 의지할 말을 개발해두는 것이 좋다. 할 말이 생각나지 않거나 말문이 막힐 때 의지할 말이 있으면 훨씬 마음이 편안해지기 때문이다.

지켜야 할 것

우선 서양인과 대화를 나눌 때는 상대방의 시선을 피하지 않도록 조심해야 한다. 그렇다고 대화하는 동안 계속해서 상대방에게 시선을 고정할 필요는 없지만 상대방이 중요한 얘기를 할 때는 반드시 상대방을 주목하는 것이 좋다.

대화 중에 되도록 상대방과 눈을 맞추려 하지 않는 우리의 습관과 달리 서양인들은 의식적으로 시선을 피하는 것을 좋지 않은 뜻으로 해석하는 경우가 많으니 유의해야 한다.

또한 상대방이 말할 때 맞장구를 쳐주는 것을 잊지 말아야 한다. 우리나라 사람들끼리 대화를 나눌 때는 상대방이 말할 때 가만히 듣고만 있는 것이 예의라고 생각할 수 있지만 서양인들과 대화를 나누면서 아무런 반응을 보이지 않았다가는 상대방을 김빠지게 만들기 십상이다.

그러므로 서양인들과 대화를 나눌 때는 다소 지나치다 싶을 정도로 고개도 끄덕거리고 "really?" 등의 말을 사용해서 상대방이 하는 말에 계속 관심을 갖고 있다는 것을 적극적으로 보여주는 것이 좋다.

피해야 할 것

상대방이 말하는 도중에 끼어들지 않도록 조심해야 한다. 실수로 끼어들었을 때는 "sorry, go ahead, please" 등과 같은 표현을 사용해서 상대방이 말을 계속할 수 있도록 해야 한다.

대화의 주제를 바꿀 때는 너무 서두르지 말고 상대방이 이미 꺼낸 주제에 대해서 충분한 의견을 개진했음을 확인하고 자연스럽게 다음 주제로 넘어가도록 해야 한다.

개중에는 상대방이 하는 말의 내용에는 별 신경을 쓰지 않고 자신이 할 얘기만 일방적으로 내뱉어서 상대방의 기분을 상하게 하는 경우가 있는데 대화의 기본이 상대방의 말을 경청하는 데서 출발함을 새겨두어야 한다.

외국인과의 대화 중에 종교나 정치 부분의 주제를 다룰 때는 특히 조심해야 한다. 가능하면 종교나 정치 얘기는 아예 꺼내지 않는 것이 좋지만 부득이한 경우에는 자신의 주장을 너무 강하게 표현하지 않도록 조심하고 특히 상대방과 논쟁거리가 될 만한 미묘한 사안은 피해 가는 것이 좋다.

또한 상대방과 어느 정도 친해지기까지는 상대방의 개인신상에 대해서 너무 꼬치꼬치 묻는 것을 자제해야 한다. 특히 서양인들의 경우 이혼이나 별거, 독신주의 등의 여러 가지 사유로 가족관계를 포함한 개인신상에 대해서 얘기하는 것을 꺼리는 경우가 많으므로 조심하는 것이 좋다.

[영문이름의 이해]

영문이름 표기방법

영문으로 이름을 표기할 때는 각별한 주의가 필요하다. 만일 홍길동이라는 이름을 우리식대로 Hong Kil Dong이라고 표기했다면 외국인들은 서슴없이 미스터 동이라고 부를 것이다. 성(Family Name)을 뒤에 갖다놓는 그네들의 표기법을 따라 Kil Dong Hong이라고 표기하는 것이 정확하다.

외국인들의 이름은 보통 First Name, Middle Name, Family Name 순으로 표기되는데 보통 Middle Name은 첫 문자의 이니셜만 표기하거나 아예 생략하기도 한다. 또한 First Name의 경우 본명 외에 Terry, Bill 등의 애칭을 사용하기도 한다.

호칭방법

서양인들은 몇 번 만난 사이에는 상대방의 나이나 직위에 상관없이 이름을 부르는 것이 보통이다. 같은 서양인들 중에서도 미국인들은 이름을 부르는 것에 익숙해서 심지어 처음 만나서 통성명을 하자마자 이름을 부르기도 한다. 상대적으로 영국인들은 이름을 부르는 속도가 느린 편이다.

우리나라에서는 손윗사람의 이름을 부르는 것을 상상조차 할 수 없지만 외국인을 상대할 때는 어느 정도 그네들의 관습을 따르는 전향적인 자세가 필요하다. 상당히 여러 차례 만났는데도 계속 미스터 아무개식으로 호칭하는 것은 외국인들로 하여금 거리감을 느끼게 만든다.

단 이름을 부르는 것은 상호 간에 동시에 이루어져야 하고 이름을 불러도 좋은지에 대한 상대방의 의사를 확인한 후에 시작하는 것이 좋다.

이름의 성별구분

외국회사를 접촉하다보면 의외로 여성이 해외업무를 담당하는 경우가 많다. 특히 서양권 회사에서 여성이 해외업무를 관장하는 경우가 많으며 중화권 회사에서도 여성의 비율이 높은 편이다.

상대방에서 처음부터 성별을 밝히는 경우에는 문제될 것이 없겠으나 그냥 이름만 밝히는 경우에는 우선 상대방이 남자인지 여자인지에 대한 정확한 판단을 내려야 한다.

통상 남성이 대부분의 대외업무를 담당하는 우리나라의 경우만 생각해서 상대방이 당연히 남성일 것이라는 판단을 내려서 미스터 아무개식으로 수신인을 표기했다가 나중에야 상대방이 여성임을 알고 당황해하는 경우가 비일비재하다.

당연히 상대방 여성에게 처음부터 경솔하다는 인상을 주어 상담 자체가 원활하게 진행되지 못할 수도 있다.

상대방의 성별은 First Name으로 어느 정도는 구분이 가능하지만 이름이 특이해서 확신이 서지 않는다면 사전을 찾아보거나 외국인 상대 경험이 많은 사람에게 자문을 구해서라도 확실히 해두는 것이 좋다.

여성에 대한 경칭

여성의 경우 이름 앞에 Miss나 Mrs라는 경칭을 붙여야 하는데 문제는 상대방이 미혼인지 기혼인지를 확인하기가 쉽지 않다는 것이다.

상대방으로부터 처음 연락을 받자마자 결혼했는지 물어볼 수도 없는 노릇이고 그렇다고 확인도 해보지 않고 Mrs라고 호칭했다가는 상대방이 미혼일 경우나 그 반대의 경우 모두 상대방의 기분을 상하게 할 것은 뻔한 이치다.

이렇게 상대방 여성이 미혼인지 기혼인지가 확실하지 않을 때는 결혼 유무에 관계없이 여성을 호칭하는 Ms라는 경칭을 사용하면 된다.

영어인사법 (English Greeting)

비즈니스를 위해서는 상대방을 처음 만났을 때, 동석자를 소개할 때, 아는 사람을 다시 만났을 때, 헤어질 때와 같은 상황별로 적절한 인사법을 알아두는 것이 바람직하다. 적절한 인사를 통해서 상대방에게 좋은 인상을 줌으로써 상담을 좋은 분위기로 이끌 수가 있기 때문이다. 상황별로 자주 쓰이는 인사법은 다음과 같다.

처음 만났을 때

- I'm Kevin Lee. How do you do? I'm glad to meet you.
- How do you do, Mr. Lee? My name is George Chang. Nice to meet you.
- May I have your business card?
- Sure. Here it is.
- Please have a seat.
- Thank you.
- Would you like tea or coffee?

– Yes. Coffee, please.

다른 사람을 소개할 때

– Mr. Chang, this is Mr. Lee. Mr. Lee, this is Mr. Chang.

– How do you do, Mr. Lee? I'm pleased to meet you.

– How do you do, Mr. Chang? I'm glad to meet you, too.

– Let me introduce my secretary. This is Miss Lee.

– Nice to see you, Miss Lee.

– Nice to see you, too.

아는 사람을 만났을 때

– How are you?

– Fine. Thanks. And you?

– Good. Thanks.

헤어질 때

– Goodbye, Mr. Chang. Thank you for your time.

– Goodbye, Mr. Lee. See you next time.

– I have to go now. It was nice talking to you.

– Same here. Have a good day!

– Well, goodbye, Mr. Lee.

– Say hello to Mr. Smith.

– Sure. Bye.

[전화통화 요령 (Telephone English)]

무역거래를 하려면 불가피하게 외국인과 전화로 대화해야 할 경우가 생긴다. 영어로 전화통화를 하는 것은 직접 마주 보고 얘기할 때보다 훨씬 더 힘들게 마련이다. 따라서 다음과 같은 요령을 숙지할 필요가 있다.

직접 마주 보고 대화할 때보다 좀 더 집중해서 듣는다

우리나라 말로 통화를 할 때도 직접 마주 보고 얘기할 때보다 상대방의 말을 못 알아듣는 경우가 많다. 상대방의 표정을 읽을 수가 없고 통화상태가 좋지 않을 수도 있는 등 여러 가지 악조건이 발생하기 때문이다. 따라서 전화통화를 할 때는 직접 대면해서 말할 때보다 좀 더 집중해서 상대방이 하는 말에 귀를 기울일 필요가 있다.

못 알아듣거나 잘 들리지 않을 때는 반드시 다시 말해 달라고 한다

아무리 상대방이 하는 말에 집중하더라도 못 알아듣거나 잘 들리지 않는 경우가 있다. 이런 경우에는 반드시 상대방의 말을 중단시키고 다시 한번 말해달라고 요청해야 한다. 알아듣지 못했는데도 불구하고 상대방에게 아무런 말을 하지 않고 그냥 넘어갔다가는 그다음에 하는 말을 계속 알아듣지 못해서 낭패를 보기 십상이다.

우리나라 말로 통화하더라도 상대방이 말하는 것을 못 알아들을 수 있다는 것을 상기하고 상대방이 한 말을 못 알아듣는 것을 창피하게 생각하지 말고 다시 한번 말해달라고 함으로써 상대방이 하는 말을 정확히 이해하고 넘어가도록 노력한다.

천천히 또박또박 말한다

마주 대하고 말할 때는 침착하게 차근차근 말을 하다가도 전화통화를 할 때는 자신도 모르는 사이에 흥분해서 말이 빨라지는 경우가 많다. 전화를 통해서 하는 얘기는 상대방도 잘 못 알아들을 수 있다는 것을 유념하고 의식적으로 천천히 또박또박 말함으로써 상대방이 이쪽에서 하는 말을 놓치는 일이 없도록 한다.

말이 엉기지 않도록 조심한다

전화통화를 하다보면 상대방이 할 말이 채 끝나기도 전에 자신이 할 말을 시작해서 서로 말이 엉기는 경우가 많다. 이와 같은 상황을 방지하기 위해서는 상대방이 말이 끝난 후에 잠시 기다렸다가 자신이 할 말을 시작하는 것이 바람직하다.

중요한 말은 복창을 해서 확인한다

만에 하나 잘못 알아들을 경우를 대비해서 중요한 사안은 상대방이 한 말을 다시 한번 복창해서 이상이 없는지를 확인해둘 필요가 있다. 예를 들어 상대방이 I will arrive in Seoul on Friday라고 한 경우 You mean you will arrive in Seoul on Friday와 같이 상대방이 한 말을 복창함으로써 제대로 알아들었는지를 확인해두는 것이 좋다.

스펠은 한 자씩 풀어서 불러준다

전화상으로 이름이나 주소 등의 스펠링을 상대방에게 불러줄 때 상대방이 잘 못 알아듣는 경우가 많다. 특히 b와 v, b와 d, p와 d 등의 발음이 구분이 안 되어서 애를 먹거나 잘못 전달된 이름이나 주소로 인해 예상치 못한 결과를 초래할 수도 있다. 이럴 때는 각 알파벳 글자를 다음과 같이 풀어서 불러주는 것이 좋다.

A-Alfa	B-Bravo	C-Charlie	D-Delta	E-Echo
F-Fox	G-Golf	H-Hotel	I-India	J-Juliet
K-Kilo	L-Lima	M-Milk	N-November	O-Oscar
P-Papa	Q-Queen	R-Romeo	S-Sierra	T-Tango
U-Uniform	V-Visitor	W-Whisky	Y-Yankee	Z-Zulu

앞에 소개한 단어는 여행사에서 예약확인 등을 위해 주로 사용하는 것으로서 자신이 편리한 단어로 바꾸어 사용해도 무방하다. 상대방에게 스펠링을 알려줄 때 'H like Hotel, O like Oscar, N like Nancy, G like Golf' 등과 같이 풀어서 불러주면 된다.

미리 할 얘기를 메모해서 보면서 통화한다

이쪽에서 먼저 전화를 할 경우라면 전화를 하기 전에 미리 할 얘기를 정리해서 메모해두었다가 이를 보면서 통화함으로써 할 얘기를 빠뜨리거나 다른 방향으로 얘기가 새나가는 것을 방지할 수 있다.

너무 서둘러서 끊으려고 하지 않는다

일단 전화통화를 시작했다면 자신의 얘기만 하고 끊으려 하지 말고 상대방에게도 충분히 말할 수 있는 시간을 주는 것이 예의다. 통화를 끝내기 전에 Do you have anything else?라고 해서 상대방이 할 말이 남아 있는지를 확인하는 것이 좋다. 일방적으로 자신이 할 얘기만 하고 서둘러 전화를 끊으려 하다가는 전화요금을 아끼려 든다는 오해를 살 수도 있으니 조심해야 한다.

전화통화 시 자주 사용하는 영문표현

① 특정인을 바꿔달라고 할 때

- May I speak to Mr. Higgins?
- Is Mr. Higgins in?
- Hello. This is Kevin Lee of Company ABC. I'd like to talk with Mr. Higgins.

② 특정인에게 바꿔줄 때

- Wait a moment. I will transfer this call to Mr. Higgins.

③ 통화하고자 하는 사람이 부재중일 때

- Can I leave a message?
- Please tell him I will call him tomorrow morning again.
- I just tried to call him to say hello.

④ 전화를 받았을 때

- This is Kevin Lee. Who's calling, please?

– Company ABC, May I help you?

– Company ABC, Kevin Lee speaking.

⑤ 상대방이 찾는 사람이 바로 자신일 때

– This is he(she).

– Speaking.

⑥ 잘못 걸려온 전화를 받았을 때

– Sorry, but you have the wrong number.

– I'm afraid you have dialed the wrong number.

⑦ 기다리라고 할 때

– Hold on, please.

– He is on another line. Could you wait for a moment, please?

– One moment. I'll connect you.

⑧ 오래 기다린 사람에게 미안하다고 할 때

– I'm sorry to have kept you waiting.

⑨ 상대방의 이름을 물어볼 때

– May I have your name, please?

– May I ask who is calling?

– Who is calling, please?

– Could you spell your name, please?

⑩ 상대방이 찾는 사람이 부재중이거나 전화를 받을 수 없을 때

– He is out. (외출했을 때)

– He is off. (출근하지 않았을 때)

– He is in a meeting. (회의 중일 때)

– I'm sorry, but he is not in now.

– Sorry, but he is on another line.

– Sorry, but he is on overseas trip.

⑪ 전할 말이 있는지를 물을 때

– Would you like to leave him any message?

– May I take your message?

⑫ 답신전화를 하게 할 때

– Sorry, but he is out. Shall I have him call you back?

– Would you like him to return your call?

⑬ 부재중에 걸려왔던 전화에 대해서 회신할 때

– I'm returning your call.

– I'm returning a call from Mr. Higgins.

⑭ **상대방이 한 얘기를 못 알아들었을 때**

– Excuse me. Could you repeat that?

– Could you speak more slowly?

– May I have your name once again?

– Please speak a little louder.

⑮ **전화를 끊을 때**

– Thank you for calling.

무역통신문 작성요령

간결하게 쓴다

무역통신문을 작성할 때는 가능한 한 간결하면서도 정확하게 메시지를 전달하는 것이 중요하다. 무역통신문은 사실을 전달하는 것이 주목적이기 때문에 쓸데없이 미사여구를 남발해서 정작 전달하고자 하는 요점을 흐리는 일은 피하는 것이 좋다.

영어에 자신이 없는 사람들일수록 같은 주제를 가지고 글을 쓸 때 장황하게 긴 문장을 만드는 경우가 많은데 되도록 짧게 쓰면서도 정확하게 표현하는 습관을 들이도록 해야 한다.

공연히 꼭 필요하지도 않은 내용을 중언부언하다가는 이상한 영어가 될 가능성이 높고 정작 상대방에게 전달해야 할 요점까지 흐리게 할 수가 있으므로 조심해야 한다.

시제와 인칭에 주의한다

무역통신문을 작성하기 위해서는 기본적인 문법지식이 뒷받침이 되어야 하지만 그렇다고 너무 문법에 신경쓰다보면 전달하고자 하는 내용을 충분히 표현하지 못하는 경우도 생길 수 있다.

어차피 단시일 내에 완벽한 영어를 구사하기가 힘들다면 최소한 시제와 인칭만은 틀리지 않도록 조심을 해야 한다.

무역통신문이란 사실을 전달하는 데 주안점을 두어야 하는데 시제나 인칭을 잘못 사용할 경우 상대방에게 엉뚱한 의미로 전달될 수 있기 때문이다.

그러므로 아직 영어에 익숙하지 않은 상태에서 영문 메시지를 작성할 경우에는 상대방에게 보내기 전에 반드시 인칭과 시제가 틀리지 않았는지를 다시 한번 점검해보는 습관을 들이는 것이 좋다.

한영사전의 사용을 최소화한다

무역통신문을 작성할 때 한영사전에 의존해서 문장을 만들다보면 엉터리 영어가 되는 경우가 많다.

한국어 단어 하나에 영어 단어 하나씩 일대일로 존재하는 것이 아니고 영한사전에서 자기가 찾고자 하는 한국어 단어를 찾아보면 다수의 영어 단어가 존재하기 때문에 그 다수의 영어 단어 중에서 어떤 단어를 사용해서 표현하느냐에 따라서 다른 의미로 전달될 수 있기 때문이다.

또한 영어라는 것이 단어만 안다고 해서 되는 것이 아니고 정확한 문장으로 표현되어야 하기 때문에 비록 한영사전에서 정확한 영어 단어를 찾아냈다 하더라도 이를 정확한 문장으로 표현하지 못한다면 아무 소용이 없게 된다.

그러므로 가능한 한 한영사전의 사용을 최소화하고 부득이한 경우 한영사전에 나와 있는 복수의 영어 단어를 다시 영한사전이나 영영사전에서 찾아보고 그 속에 나와 있는 예문을 통해서 정확한 표현법을 파악한 뒤 사용하도록 하는 것이 좋다.

약어 사용에 조심한다

오래전에 텔렉스가 유일한 통신수단이었을 때는 글자 수에 따라 비용이 올라가기 때문에 가능한 한 많은 약어를 사용해서 비용을 줄이려고 노력했지만 이제는 주로 이메일을 통해서 연락을 주고받기 때문에 구태여 약어를 사용할 필요가 없어졌다.

하지만 우리가 익숙해져 있는 약어의 경우에는 약어를 사용하지 않은 것이 오히려 부자연스럽게 보이는 경우도 있다. 여기서 조심할 것은 비록 우리가 익숙한 약어라 할지라도 상대방의 국가나 회사에 따라서 그 뜻을 이해하지 못하거나 다른 뜻으로 이해하는 경우도 있다는 것이다.

예를 들어 우리가 전신환 송금의 의미로 사용하는 T/T라는 약어의 경우 의외로 많은 나라에서 Telegraphic Transfer라는 용어 대신에 Wire Transfer라는 용어를 사용하기 때문에 T/T라는 약어의 뜻을 알아듣지 못하는 경우도 있다. 심지어 우리가 흔히 사용하는 B/L(Bill of

Lading)이라는 약어도 이해하지 못하는 경우도 있다.

그러므로 우리가 흔히 사용하는 약어일지라도 상대방이 이해하지 못할 수도 있다는 것을 염두에 두고 약어 사용에 조심해야 할 필요가 있다.

상대방이 이해할지 여부가 확실치 않다면 처음 약어를 사용할 때 B/L(Bill of Lading)과 같이 괄호를 활용해서 원어를 인용해주는 것도 좋은 방법이 될 수 있다.

상대방을 자극하지 않는다

무역거래를 하다보면 상대방의 실수로 문제가 발생하거나 답장이 늦어져서 업무처리에 지장이 생기는 경우가 있다.

이럴 때 상대방의 잘못을 직설적으로 지적했다가 낭패를 보는 일이 없도록 조심해야 한다. 어차피 무역도 사람이 하는 것이기 때문에 아무리 상대방이 잘못했다고 해도 상대방의 감정을 상하게 해서는 좋은 관계를 유지하기가 힘들게 되기 때문이다.

예를 들어 이쪽에서 급하게 상대방의 답변을 요청하는 메일을 수차례 보냈는데도 상대방으로부터 아무런 답변이 없을 때 I can't understand why you don't reply to our repeated email messages requesting your immediate reply라는 식의 메시지를 보내서 상대방을 자극하기보다는 I am still waiting for your reply to my email dated… 라는 식으로 상대방으로부터 오랫동안 답장을 받지 못한 사실을 상기시키는 정도로 언급하는 것이 좋다.

정식으로 클레임을 제기하지 않는 한 영문통신문의 주목적이 상대방과의 원활한 거래를 위한 의사전달에 있는 것이지 상대방과 잘잘못을 가리는 데 있지 않다는 것을 명심해야 한다.

[영문편지 작성요령]

주소기재방법

이름, 직위, 회사명, 주소 순으로 기재한다.

Mr. K. C. Lee

President

Company ABC

123, ABC-Dong, DEF-Ku,

Seoul, Korea

이름 앞에 붙이는 호칭

남성에게는 Mr. 미혼여성에게는 Miss, 기혼여성에게는 Mrs., 결혼 여부를 알 수 없는 여성의 이름 앞에는 Ms.를 붙이며, 회사이름 앞에는 Messrs.를 붙인다.

수신인을 호칭할 때

Dear Sirs, (영국)

Gentleman, (미국)

Dear Mr. Chang,

Dear Kevin,

Dear Professor Lee,

To whom it may concern

Attention: Mr. K. C. Lee

문장을 끝낼 때

Sincerely yours,

Very truly yours,

With best regards

With kind regards

참조로 보낼 때

cc :

유첨물이 있을 때

Enclosure (Encl.)

Chapter 2
무역용어

무역실무 책에 등장하는 수많은 무역용어 중에는 일반적인 무역거래에서는 거의 사용하지 않거나 이론상으로만 존재하는 것들이 많다. 또한 아이템이나 거래방식에 따라 사용하는 용어가 달라지기도 한다. 따라서 무역업무를 시작하기 전에 책에 나오는 모든 무역용어를 마스터하지 않더라도 기본적인 무역용어를 익힌 후에 실무를 처리해나가는 과정에서 추가적으로 알아야 할 용어들을 보충해나가면 된다. 일반적인 무역거래에서 사용하는 기본적인 무역용어는 다음과 같다.

[거래조건(Trade Terms)]

- **Trade Terms, 거래조건:** 수출자와 수입자 간의 무역거래에 따르는 비용과 위험부담을 명확히 하기 위한 조건

- **Incoterms:** International Commercial Terms의 약자로서 국제상업회의소(International Chamber of Commerce)에서 제정한 정형거래조건에 관한 국제규칙

- **EXW:** Ex Works의 약자로서 공장이나 창고와 같은 지정된 장소에서 수출통관을 하지 않은 물품을 인도하는 조건

- **FOB:** Free On Board의 약자로서 지정된 선적항에서 수입자가 지정한 선박에 물품을 적재하여 인도하는 조건

- **FAS:** Free Alongside Ship의 약자로서 지정된 선적항에서 수입자가 지정한 선박의 선측에서 물품을 인도하는 조건

- **FCA:** Free Carrier의 약자로서 수출국 내의 지정된 장소에서 수입자가 지정하는 운송인에게 수출통관이 완료된 물품을 인도하는 조건

- **CFR:** Cost and Freight의 약자로서 선적항에서 물품을 적재하여 인도하고 지정된 목적항까지의 운임을 수출자가 부담하는 조건

- **CIF:** Cost Insurance and Freight의 약자로서 선적항에서 물품을 적재하여 인도하고 지정된 목적항까지의 운임과 보험료를 수출자가 부담하는 조건

- **CPT:** Carriage Paid To의 약자로서 수출자가 선택한 운송인에게 물품을 인도하고 지정된 목적지까지의 운송비를 수출자가 부담하는 조건

- **CIP:** Carriage and Insurance Paid To의 약자로서 수출자가 선택한 운송인에게 물품을 인도하고 지정된 목적지까지의 운송비와 보험료를 수출자가 부담하는 조건

- **DAP:** Delivered At Place의 약자로서 지정된 목적지에 도착한 운송수단에서 물품을 내리지 않은 상태로 인도하는 조건

- **DPU:** Delivered at Place Unloaded의 약자로서 지정된 목적지에 도

착한 운송수단에서 물품을 내려서 인도하는 조건

- **DDP:** Delivered Duty Paid의 약자로서 수입통관된 물품을 지정된 목적지에 도착한 운송수단에서 내리지 않은 상태로 인도하는 조건

[결제방식 (Payment Method)]

- **Payment Terms, 결제방식:** 무역거래에 따르는 물품대금의 지급방식

- **L/C(Letter of Credit), 신용장:** 바이어를 대신하여 바이어의 거래은행에서 수출자에게 수출대금의 지급을 약속하는 증서

- **T/T(Telegraphic Transfer):** 수출자의 계좌로 물품대금을 송금하는 방식

- **COD(Cash On Delivery):** 물품의 인도와 상환하여 물품대금을 지급하는 방식

- **CAD(Cash Against Documents):** 선적서류와 상환하여 물품대금을 지급하는 방식

- **D/P(Documents Against Payment):** 수입자가 물품대금을 지급하고 선적서류를 인수하는 방식

- **D/A(Documents Against Acceptance):** 수입자가 선적서류를 인수하고 일정 기간 후에 물품대금을 지급하는 방식

- **Draft(Bill of Exchange), 환어음:** 채권자가 채무자에게 어음에 기재된 금액을 일정한 기일에 어음상의 권리자(지명인 또는 소지인)에게 지급할 것을 위탁하는 증권

신용장(Letter of Credit)

- **Irrevocable L/C:** 당사자 전원의 동의가 없이는 취소가 불가능한 신용장

- **At Sight L/C:** 선적서류와 환어음을 제시한 즉시 대금이 결제되는 신용장

- **Usance L/C:** 선적서류와 환어음이 제시되고 일정 기간 후에 대금이 결제되는 신용장

- **Shipper's Usance L/C:** 유선스 기간의 이자를 수출자가 부담하는 신용장

- **Banker's Usance L/C:** 유선스 기간의 이자를 수입자가 부담하는 신용장

- **Transferable L/C:** 신용장 금액의 일부 또는 전부를 제3자에게 양도

할 수 있는 신용장

- **Confirmed L/C:** 개설은행과 별도로 확인은행이 신용장에 명시된 대금의 지급을 확약하는 신용장

- **Stand-by L/C:** 물품거래와 상관없이 순수한 보증목적으로 사용되는 신용장

- **Local L/C:** 수출자가 수취한 신용장을 근거로 국내의 수출용 원자재나 완제품 공급자 앞으로 발행하는 신용장

- **Master L/C:** 내국신용장과 대비하여 수출자가 수취한 원래의 신용장을 일컬음

- **Applicant:** 물품을 수입하기 위해 자신의 거래은행에 신용장 개설을 의뢰하는 수입자

- **Beneficiary:** 신용장에 의거해 수출을 이행하고 은행으로부터 신용장대금을 지급받는 수출자

- **Issuing Bank:** 수입자의 요청에 따라 신용장을 개설해주는 은행

- **Advising Bank:** 개설은행으로부터 신용장을 접수하여 수출자에게 통지해주는 은행

- **Confirming Bank:** 개설은행과 별도로 신용장에 명시된 대금의 지급을 확약하는 은행

- **Negotiating Bank:** 수출자로부터 신용장상에 명시된 선적서류를 매입하고 수출대금을 지급해주는 은행

- **Negotiation:** 매입은행에서 수출자로부터 선적서류를 매입하고 수출대금을 지급하는 것

- **Latest Date of Shipment:** 최종선적기한

- **Date of Expiry:** 신용장의 유효기간

- **UCP(Uniform Customs and practice for Documentary Credit), 신용장 통일규칙:** 신용장에 대한 각기 다른 해석으로 인해 발생하는 분쟁에 대비하기 위해서 국제상업회의소(International Chamber of Commerce)에서 제정한 신용장의 해석기준

무역계약 (Trade Contract)

- **Offer, 청약:** 매매조건을 제시하면서 그러한 조건으로 물품을 판매 또는 구매하겠다는 의사표시

- **Acceptance, 승낙:** 청약을 받아들여 계약을 성립시키겠다는 피청약자의 의사표시

- **Offer Sheet:** 셀러 또는 바이어가 자신이 거래하고자 하는 계약조건을 명시하여 발행하는 서식

- **P/I(Proforma Invoice):** 셀러가 최종적으로 확정된 계약조건을 명시하여 발행하는 서식. sales note, order confirmation, order acknowledgement 등의 타이틀로도 발행한다.

- **P/O(Purchase Order):** 바이어가 최종적으로 확정된 오더의 내역 및 계약조건을 명시하여 발행하는 서식. order sheet, purchase note 등의 타이틀로도 발행한다.

- **Sales Agreement:** 거래규모가 크거나 장기계약인 경우 구체적인 계약조항을 망라하여 작성하는 서식. sales contract, general terms and conditions 등의 타이틀로도 발행한다.

- **Claim:** 계약당사자 중 한쪽에서 계약을 제대로 이행하지 않았을 때 피해자가 상대방에게 손해보상을 청구하는 권리 또는 손해배상을 요구하는 것

선적서류 (Shipping Documents)

- **Shipping Documents, 선적서류:** 선적사실을 확인하고 물품을 찾을 수 있도록 수출자가 수입자에게 보내주는 서류

- **Commercial Invoice, 상업송장:** 물품명세서와 대금청구서의 용도로 수출자가 발행하는 서식으로서 물품의 명세, 수량, 단가 및 총금액을 표시

- **Packing List, 포장명세서:** 물품의 포장명세, 무게, 부피 등을 표시

- **B/L(Bill of Lading), 선하증권:** 선박회사 또는 포워더에서 발행하며, 증권에 기재된 조건에 따라 화물을 운송하여 증권의 정당한 소지인에게 인도할 것을 약정하는 유가증권

- **AWB(Airway Bill), 항공화물운송장:** 항공사 또는 항공화물운송대리점에서 발행하는 항공화물수령증

- **Insurance Policy, 보험증권:** 보험회사에서 발행하는 손해보장확인 증서

- **Certificate of Origin, 원산지증명서:** 물품의 원산지를 확인하기 위해서 수출국의 상공회의소나 관련 관공서에서 발급하는 증명서

- **Inspection Certificate, 검사증명서:** 수입자가 지정하는 검사기관에서 수출품선적 전에 수출품의 품질이나 수량을 검사하고 이상이 없음을 확인해주는 증명서

[포장(Packing)]

- **Packing Method:** 포장방식

- **Packing Instruction:** 포장에 관한 지시사항

- **Individual Packing:** 개별 물품에 대한 포장

- **Inner Packing:** 개별물품을 일정량씩 포장하는 중간포장

- **Export Packing:** 수출용포장

- **Export Carton Box:** 수출포장용 카튼박스

- **Shipping Mark:** 화물의 포장박스 표면에 수입자의 상호, 도착항, 아이템번호, 포장일련번호, 원산지 등을 표기하는 것

- **Net Weight:** 물건의 순중량

- **Gross Weight:** 물건의 순중량에 포장용기의 중량을 합한 중량

- **Measurement:** 물건의 부피

- **CBM(Cubic Meter):** 가로, 세로, 높이가 각각 1m일 때의 부피단위

[운송(Transportation)]

- **S/R(Shipping Request), 선적요청서:** 선적인이 선박회사에 화물을 선적할 공간을 요청하는 서식

- **S/O(Shipping Order), 선적지시서:** 선박회사에서 화물을 선박에 적재하여 목적지까지 운송할 것을 선장에게 지시하는 서식

- **D/O(Delivery Order), 화물인도지시서:** 화물이 도착하였을 때 선박회사에서 선장이나 하역업자에게 물건을 수입자에게 인도하도록 지시하는 서식

- **Arrival Notice, 도착통지:** 포워더가 선박의 도착스케줄을 화주에게 통보해주는 것

- **Shipping Notice, 선적통지:** 수출자가 수입자에게 선적스케줄을 통보하는 것

- **Original B/L:** 흔히 '오비엘'이라고 부르는 선하증권의 원본

- **Master B/L:** 선박회사에서 포워더에게 발행하는 B/L

- **House B/L:** Forwarder B/L이라고도 불리며 Master B/L을 근거로 포워더가 화주에게 발행하는 B/L

- **Surrendered B/L:** original B/L의 발행을 포기하거나 반납함으로써 수하인이 original B/L 없이 화물을 찾을 수 있도록 하는 것

- **Switch B/L:** 중계무역상이 수입자에게 원수출자가 노출되는 것을 원하지 않을 때 선적지에서 발행된 original B/L을 운송사에 반납하거나 original B/L의 발행을 surrender하고 shipper를 중계무역상으로 교체하여 새로운 B/L을 발급받는 것

- **Third Party B/L:** B/L상의 선적인이 계약당사자가 아닌 제3자가 되는 것

- **Stale B/L:** 신용장에 명시된 제시시한이 경과한 B/L

- **L/G(Letter of Guarantee), 수입화물선취보증서:** 수입자와 신용장개설은행이 연대하여 선박회사에 선하증권 원본이 도착하는 대로 이를

제출할 것과 선하증권 원본 없이 물건을 인도받는 데 따른 모든 문제에 대해서 선박회사에 책임을 지우지 않겠다고 보증하는 서류

- **Clean B/L, 무사고선하증권:** 선적지시서에 기재된 내용과 화물이 일치하고 포장에 이상이 없어 선하증권상에 아무런 하자표시가 들어있지 않은 무하자 선하증권

- **Foul(Dirty) B/L, 사고부선하증권:** 화물의 수량 및 성질 등에 하자가 있을 경우 선하증권에 하자표시를 한 하자선하증권

- **L/I(Letter of Indemnity), 파손화물보상장:** 하자물품을 선적할 경우에 Clean B/L을 받기 위해서 Shipper가 선박회사에 책임을 전가시키지 않겠다고 서약하는 서식

- **Consignee, 수하인:** B/L상에 명시된 화물의 수취인

- **Notify Party, 통지인:** 선박회사나 포워더가 화물의 도착을 통보해주는 통지처

- **FCL(Full Container Load):** 단독으로 컨테이너를 채울 수 있는 화물

- **LCL(Less than Container Load):** 단독으로 컨테이너를 채울 수 없어

서 다른 화주의 화물과 함께 실어야 하는 소량화물

- **CT(Container Terminal):** 컨테이너 전용부두에 설치되어 있는 컨테이너 집결지를 뜻하며, 수출화물이 선적되기 전이나 수입화물이 하역되어 대기하는 장소

- **CY(Container Yard), 컨테이너 야적장:** 수출 시 선박에 컨테이너를 싣기 전이나 수입 시 선박에서 내린 컨테이너를 모아두는 장소

- **CFS(Container Freight Station), 컨테이너 작업장:** LCL 화물을 인수해서 컨테이너에 적재하는 작업을 하거나 수입된 LCL 화물을 컨테이너에서 하역하는 작업을 하는 장소

- **Freight:** 운임

- **BAF(Bunker Adjustment Factor), 유류할증료:** 선박의 주 연료인 벙커유의 가격변동에 따르는 손실을 보전하기 위해서 부과하는 할증료

- **CAF(Currency Adjustment Factor), 통화할증료:** 운임표시 통화의 가치하락에 따른 손실을 보전하기 위해서 부과하는 할증료

- **THC(Terminal Handling Charge), 터미널화물처리비:** 수출화물의 경우

CY에 입고된 시점부터 본선선측에 도착할 때까지, 수입화물의 경우에는 본선선측에서부터 CY에 입고될 때까지 화물의 이동에 따르는 화물처리비용

- **Wharfage, 부두사용료:** 부두소유자가 부두의 유지, 개조를 위하여 사용자로부터 징수하는 비용

- **Storage Charge:** 화물이 입고되어 출고될 때까지 보관료조로 터미널에서 화주에게 징수하는 비용

- **Demurrage Charge:** 컨테이너를 정해진 기간 내에 가져가지 않을 때 선박회사가 화주에게 부과하는 비용. Bulk cargo의 경우에는 정해진 기간 내에 선적이나 하역을 하지 못해서 선박의 출항이 지연되는 경우 선박회사에서 화주에게 부과하는 체선료를 뜻함

- **Detention Charge:** 컨테이너를 정해진 기간 내에 반납하지 않을 때 지연된 반납에 대한 피해보상 명목으로 선박회사에서 화주에게 부과하는 비용

- **Free Time:** 컨테이너를 가져가거나 반납할 때까지 별도의 비용을 부과하지 않고 허용해주는 기간

- **Freight Collect:** 운송이 완료된 후에 운임을 받는 것

- **Freight Prepaid:** 운송 전에 운임을 미리 받는 것

- **ETD(Estimated Time of Departure):** 예상출항일자

- **ETA(Estimated Time of Arrival):** 예상도착일자

- **Partial Shipment, 분할선적:** 물건을 두 차례 이상 나누어 싣는 것

- **Transshipment, 환적:** 물건을 선적항에서 도착항까지 같은 선박으로 운송하지 않고 중간 기착지에서 다른 선박에 옮겨 싣는 것

통관
(Customs Clearance)

- **Customs Clearance, 통관:** 무역관련법령에 의거 물품의 수입과 수출에 따른 각종 규제사항을 확인하고 관세를 부과하기 위한 세관의 통과절차

- **Customs Duty, 관세:** 수입물품에 대해 과세하는 세금

- **HS(Harmonized System):** 무역서류와 통계자료의 통일성을 기하고자 관세협력이사회가 작성한 아이템별 고유번호체계

- **HSK(The Harmonized System of Korea):** HS를 우리나라의 실정에 맞게 보완한 것

[보험(Insurance)]

- **Insurer:** 보험자, 즉 보험회사

- **Insured:** 피보험자, 즉 보험에 드는 자

- **Insured Amount:** 보험금액

- **Insured Premium:** 보험료

- **Insurance Policy:** 보험증권

Chapter 3

무역현장에서 자주 사용하는 영문표현

[무역현장에서 사용하는 영문표현]

무역현장에서 사용하는 영문표현은 거래단계별로 정형화되어 있어서 자주 사용하는 영문표현을 익혀두면 이메일을 작성하거나 대면 상담 시 효과적으로 사용할 수 있다. 무역현장에서 자주 사용하는 영문표현을 정리하면 다음과 같다.

- **견본주문:** sample order

- **시험적인 주문:** trial order

- **본격적인 주문:** main order

- **초도주문:** initial order

- **추가주문:** additional order

- **소량주문:** small order

- **대량주문:** big order, large order, huge order, sizable order, substantial order

- **단발성 주문:** spot order

- **재주문:** repeat order

- **정기적인 주문:** regular order

- **지급주문:** urgent order

- **가격표상의 가격:** list price

- **경쟁적인 가격:** competitive price

- **최선의 가격:** best price

- **최대한 낮춘 가격:** rock–bottom price

- **높은 가격:** high price

- **낮은 가격:** low price

- **적절한 가격:** reasonable price

- **현재가격:** current price

- **시장에서 통용되는 가격:** market price

- **수출가격:** export price

- **상업송장상의 가격:** invoice price

- **할인가격:** reduced price

- **가격을 할인하다:** give(make, allow, grant) a discount

- **신용장의 개설을 의뢰하다:** apply for an L/C

- **신용장을 개설하다:** issue(open, establish) an L/C

- **신용장을 통지하다:** advise an L/C

- **신용장을 받다:** receive an L/C

- **신용장을 연장하다:** extend an L/C

- **신용장을 수정하다:** amend an L/C

- **시황이 활발하다:** the market is active

- **시황이 부진하다:** the market is depressed

- **~와 접촉하다:** be in contact(touch) with

- **~와 접촉을 유지하다:** keep in contact(touch) with

- **~와 연락이 끊어지다:** lose contact(touch) with

- **~와 거래를 하다:** do business with

- **재고품:** stock

- **재고가 없다:** out of stock

- **같은 의견이다:** be of the same opinion

- **~라는 인상을 주다:** give the impression

- **~의 징조가 있다:** show signs of

- **잘 선택하다:** make a good choice

- **잘못 선택하다:** make a bad choice

- **사죄를 요구하다:** demand an apology

- **사죄하다:** make(offer, render) an apology

- **사죄를 받아들이다:** accept an apology

- **클레임을 제기하다:** make(file, put in) a claim

- **~의 보상을 하다:** make compensation for

- **맨 먼저:** in the first place

- **무엇보다도 우선:** first of all

- **한편:** on the other hand

- **여하튼:** in any case

- **바꾸어 말하면:** in other words

- **예를 들면:** for example

- **이와 관련하여:** in this connection

- **반대로:** on the contrary

- **상기 사항에 비추어:** in view of the above

- **~와 일치하여:** in accordance with

- **요청에 따라서:** at your request

- **충고에 따라:** on your advice

- **~ 때문에:** due to

- **~의 탓으로:** owing to

- **~의 덕분으로:** thanks to

- **~를 기대해서:** in the hope that

- **그 결과:** as a result

- **이러한 이유로:** for this reason

- **그러한 사정이므로:** such being the case

- **결론적으로:** in conclusion

Chapter 4

무역영어 클리닉

무역통신문을 작성할 때 문법적으로 완벽하지 않더라도 자신의 의사를 정확하게 전달할 수만 있다면 크게 문제될 것은 없다. 하지만 기본적인 문법을 무시하고 문장을 작성하면 상대방이 잘못 이해할 수도 있고 안 좋은 이미지를 심어줄 수도 있다. 따라서 무역업무를 시작하기 전에 기본적인 문법이나 주의사항들을 점검해보는 것이 바람직하다. 무역통신문을 작성할 때 유념할 내용들을 정리하면 다음과 같다.

[We placed an order to them은 정확한 표현일까]

'주문하다'의 일반적인 표현은 place an order이다. 이때 조심해야 할 것이 '누구누구에게 주문하다'라는 문장을 표현할 때 to라는 전치사 대신에 with를 사용한다는 것이다.

즉 We placed an order to them이 아니고 We placed an order with them이라고 표현하는 것이 정확하다.

전치사를 혼동하는 주요 원인은 개별 단어의 뜻에 대해서 고정관념을 갖고 있기 때문이다. 즉 to의 뜻은 '누구누구에게'라는 고정관념을 갖고 있기 때문에 '누구누구에게 오더를 하다'라는 표현을 할 때 무조건 to를 사용해야 하는 것으로 착각하게 되는 것이다.

그러므로 개별단어의 의미에 집착하지 말고 문장 속에서 어떤 전치사와 함께 사용되는지를 유심히 살피는 노력이 필요하다.

[Advise는 '충고하다'가 아니다?]

Advise는 보통 '충고하다'라는 뜻으로 통용되지만 무역현장에서는 '무엇을 알리다' 또는 '통보하다'라는 뜻으로 많이 사용한다.

보통 〈advise + 인칭대명사 + of〉의 형태로 사용해서 Please advise us of your best price, Please advise us of when the goods were shipped 등과 같이 표현한다.

통보하는 내용이 절로 표현될 경우에는 that을 사용하여 We are pleased to advise you that the goods were dispatched yesterday와 같이 표현한다.

좀 더 구어체의 표현으로는 Please let me know…가 있다. '언제 선적할지를 알려달라'를 구어체로 표현하면 Please let me know when you will ship the goods가 된다. 요즈음엔 서신에서도 이와 같은 구어체 표현을 많이 사용하는 경향이 있다.

He agreed the proposal은 맞는 표현일까

틀린 표현이다. Agree를 '동의하다'라는 의미로 쓸 때는 to를 사용하여 He agreed to the proposal이라고 표현해야 한다. to 다음에 동사를 사용해서 He agreed to wait until tomorrow 등과 같이 표현할 수도 있다. 또한 to 다음에 소유격 형용사와 동명사를 사용해서 He agreed to my leaving early on Saturday 등과 같이 표현할 수도 있다.

'당신의 의견에 동의할 수 없다'는 문장의 경우에는 with를 사용하여 I can't agree with you on the matter와 같이 표현하면 된다.

또한 on을 사용하여 They agreed on the terms라고 표현하면 '그들은 그 조건에 대해서 합의에 도달했다'라고 해석할 수 있다.

agree의 반대말인 refuse나 동의어인 accept의 경우에는 전치사 없이 목적어를 사용해서 He refused my proposal, He accepted the price 등과 같이 표현하면 된다.

[look forward to에 대하여]

무역통신문에서 자주 등장하는 표현 중에 look forward to가 있는데 '무엇을 고대한다'라는 뜻으로 사용된다. 이때 유념할 것이 look forward to 다음에 동사원형이 아니라 동명사 또는 명사를 사용해야 한다는 것이다.

즉 We look forward to hear from you soon이라고 하면 안 되고 We look forward to hearing from you soon 또는 We look forward to your reply와 같이 써야 한다. look forward to를 활용한 예문은 다음과 같다.

– We look forward to doing business with you as soon as possible.

– I look forward to a meeting with you.

– We are looking forward to seeing you soon.

– I am looking forward to the opportunity of working with you soon.

[Appreciate의 올바른 사용법]

서양인들은 말끝마다 감사하다는 뜻의 thank를 남발하는 경향이 있다. 어떤 경우에는 감사할 내용이 아닌데도 습관적으로 thank를 사용하는 경우도 많다.

예를 들어 '몇 월 며칠자 이메일 잘 받았습니다'를 영어로 표현할 때 보통 Thank you for your email dated September 15와 같이 표현하는데 이때 thank의 의미는 감사하다는 의미보다는 '잘 받아보았다'라는 정도로 해석하는 것이 적절하다.

이와 같이 thank라는 단어를 남발하다보니 정말로 상대방의 호의에 감사할 경우에 thank를 사용해서 표현하다보면 무언가 허전한 느낌이 들게 마련이다.

이럴 때 상대방에게 좀 더 확실하게 감사의 뜻을 표현하려면 appreciate라는 단어를 사용해서 We appreciate your effort to ship the goods promptly 등과 같이 표현하면 된다. 이때 조심해야 할 것은 appreciate 다음에는 반드시 명사나 명사형이 와야 한다는 것이다.

또한 appreciate를 사용해서 '무엇을 해주시면 감사하겠습니다'를 표현할 때는 아래와 같이 한다.

- We would appreciate it if you would place a new order with us.
- It would be greatly appreciated if you would reduce your price by 5%.
- Your prompt shipment would be appreciated.

[regret에 대하여]

regret는 무역거래에 있어 유감이나 후회의 감정을 표현할 때 자주 사용하게 되므로 정확한 표현방법을 익혀두는 것이 좋다.

우선 regret를 명사로 사용할 경우는 express regret at(무엇에 유감을 표시하다), express regret for(무엇을 사과하다), feel regret for(무엇을 후회하다) 등과 같이 표현한다.

regret를 동사로 사용할 경우는 보통 동명사를 사용하여 We regret shipping the goods too late(우리는 너무 늦게 물품을 선적한 것을 후회한다)와 같이 표현하며 이때 물품을 선적한 것이 후회하는 시점보다 먼저라는 것에 유의해야 한다.

또한 regret 뒤에 say, inform, tell 등의 단어를 to와 연결해서 사용하면 그 뒤에 나오는 내용을 유감스럽게 생각한다는 뜻이 된다. 즉 I regret to inform you that the goods were not shipped라고 하면 '물건이 선적되지 못해서 유감이다'라는 뜻으로 해석된다.

regret 대신에 sorry를 사용해서 표현할 수도 있으나 보다 정중하게 유감을 표시할 때는 regret를 사용하는 것이 좋다.

[prefer의 정확한 사용법]

'무엇을 선호하다'의 뜻을 표현할 때는 prefer를 사용하여 We prefer to respond by email. We prefer not to respond by letter같이 표현한다. 이때 to를 사용하지 않고 동명사를 사용해서 We prefer responding by email과 같이 표현해도 된다.

다른 사람이 어떻게 하는 것을 선호한다는 뜻을 표현할 때는 I prefer you to respond by email 혹은 I prefer that you (should) respond by email과 같이 표현한다. 또한 목적물의 어떤 상태를 선호하는 것을 표현할 때는 목적어 다음에 과거분사를 사용하여 I prefer the goods shipped as soon as possible과 같이 표현한다.

두 가지 중에서 어느 것을 더 좋아한다는 뜻을 표현할 때는 I prefer email to letter와 같이 표현하며 이때 to 뒤의 것보다 앞의 것을 선호한다는 뜻이 된다.

prefer A to B의 구문에서 A, B의 위치에 to do를 쓰고자 할 경우에는 전치사 to 대신에 rather than을 사용하여 We prefer to bring the goods back rather than (to) sell them at a low price와 같이 표현한다.

Since의 올바른 사용법

'오더를 받은 지 일 년이 되었다'는 It is one year since we last got your order와 같이 표현하면 된다. 이때 last는 생략해도 된다.

It is … since의 용법은 막상 실무에서 사용하려면 자신이 없는 구문이므로 확실하게 터득해두는 것이 좋다. It is는 현재형을 사용하고 since 다음에는 과거형이나 현재분사형이 온다는 것을 주목할 필요가 있다.

It is … since 구문에 익숙하지 않다면 We last got your order one year ago 혹은 we haven't got your order for one year와 같이 표현하면 된다.

[上記와 下記의 표현법]

무역통신문에서 자주 쓰이는 '상기'나 '하기'는 각각 above, following, below 등의 단어를 사용하여 다음과 같이 표현한다.

– The above is a summary of our market report.

– We would like you to accept our proposal outlined above.

– The following is our report on the current situation.

– Please refer to the price comparison below.

– An L/C has been opened as follows:

이때 정관사 the를 붙인 above나 following은 '상기한 것' 혹은 '하기한 것'을 의미하는 명사로서 내용에 따라서 단수나 복수로 해석이 가능하지만 복수의 내용을 표현하는 경우라도 the aboves나 the followings와 같이 s를 붙이지 않고 그냥 the above, the following을 사용해서 표현한다.

또한 above나 following을 형용사로 사용해서 아래와 같이 표현할 수도 있다.

- The above price list is valid until the end of this year.
- The following report was prepared by Company ABC.
- The above offer is subject to our final confirmation.
- The following shipping mark should be marked on both sides of each carton box.

[혼동하기 쉬운 very와 much]

자주 사용하면서도 혼동을 일으키는 것 중의 하나가 형용사와 부사를 수식할 때 very와 much 중 어느 것을 사용해야 하느냐는 것이다. 기본적인 사항을 정리해보면 아래와 같다.

- very big, very early 등과 같이 형용사와 부사의 기본형은 very로 수식한다.
- much better, much earlier than original schedule 등과 같이 비교급은 much로 수식한다.
- a very interesting proposal과 같이 형용사화한 현재분사는 very로 수식한다.
- so, too, that 등과 같은 단어는 much와 같이 사용하여 Your price is too much expensive와 같이 표현한다.
- different, preferable, superior 등의 형용사는 much로 수식하여 His position is not much different from that of others 등과 같이 표현한다.

[can과 be able to의 올바른 사용법]

지금 당장은 준비가 안 되어서 생산할 수 없지만 일 년 정도 지나면 생산할 수가 있을 경우 'We can produce the goods'라는 문장을 미래형으로 바꾸어야 한다.

이때 can이라는 조동사에 집착하면 올바른 문장을 만들 수 없다. 반드시 be able to라는 숙어를 사용하여 We will be able to produce the goods after one year라고 표현해야 한다.

현재형인 경우에는 We can produce the goods와 We are able to produce the goods와 같이 can과 be able to를 함께 사용할 수 있으며 과거형인 경우에도 could와 were able to를 함께 사용할 수 있다.

여기서 유의해야 할 것은 could 뒤에 현재완료형을 사용해서 어떤 내용을 표현할 경우에는 그 행위가 이루어지지 않았거나 이루어졌는지를 확인할 수 없는 경우로 해석된다는 것이다.

예를 들어 We could have produced the goods라고 하면 그 물건을 생산할 능력은 있었는데 실제로 생산하지 않은 경우를 일컬으며 They could have produced the goods라고 하면 그들은 그 물건을 생산할 수는 있었지만 실제로는 생산하지 않았거나 생산했는지 안 했는지 알

수 없는 경우를 일컫는다.

이때 실제로 생산을 한 경우라면 We(they) were able to produce the goods라고 표현해야 한다.

'사양하지 말고 무엇을 하라'의 표현법

무역통신문에서 상대방에게 '사양하지 말고' 혹은 '망설이지 말고' 요청하라는 뜻을 표현하려면 please feel free to…와 please don't hesitate to…를 사용해서 아래와 같이 표현하면 된다.

– Please feel free to advise us if you require any further information about our products.

– Please feel free to contact us should you ever require any assistance.

– Please do not hesitate to contact us if you have any questions about our offer.

– Please do not hesitate to call us if there is anything we can do for you during your stay in Seoul.

[가격을 표현하는 방법]

가격을 표현하려면 앞에 전치사 at을 사용해서 We are pleased to offer you 100 tons of printing paper at US$800/ton, FOB Busan과 같이 표현한다. 이때 가격 뒤에는 반드시 단위와 거래조건을 표시해서 분쟁의 소지를 없애는 것이 좋다.

상대방이 제시한 가격이 높을 때는 Your price is 3% higher than that of other suppliers 등과 같이 표현하고 가격인하를 요청할 때는 Please reduce your price by 5%라고 표현한다.

'가격이 낮다'는 The price is low, '가격이 오른다'는 The price goes up, '가격이 내리다'는 The price goes down 등과 같이 표현한다.

[신용장이 개설되었을 때]

흔히 신용장을 오픈하고 나서 We opened an L/C라고 상대방에게 통보하는데 L/C를 오픈하는 주체는 수입자가 아니고 은행임을 감안하여 We opened an L/C with Seoul Bank 혹은 We opened an L/C through Seoul Bank와 같이 개설은행명을 밝혀주는 것이 좋다.

L/C번호, 발행은행, 선적기일, 유효기일 등의 자세한 내역을 통보하려면 An L/C has been opened as follows라고 하고 줄을 바꾸어서 차례로 열거하면 된다.

신용장이 개설되었음을 좀 더 구체적인 내용과 함께 한 문장으로 통보하려면 We are pleased to inform you that we opened an L/C with Seoul Bank for the amount of US$100,000와 같이 표현하면 된다.

[선적을 통지할 때]

'선적하다'는 ship이라는 동사를 사용하거나 shipment라는 명사를 사용해서 아래와 같이 표현한다.

- We shipped your order on July 10.
- We will make(perform, execute) shipment of your order tomorrow.

선박명을 통보할 경우에는 선박명 앞에 M/S(Motor Ship)를 붙여서 We will ship your order by M/S Hyundai Discovery on September 15와 같이 표현한다. 이때 선박명 앞에 by 대신에 per를 사용할 수도 있다.

좀 더 정확하게 선박명을 통보하려면 선박명 뒤에 해당 선박의 항해번호(voyage number)를 붙여서 M/S Hyundai Discovery V-103 등과 같이 표현한다.

상대방에게 선적스케줄을 통보하려면 ETD(Estimated Time of Departure)와 ETA(Estimated Time of Arrival)라는 용어를 사용하여 해당 선박의 출항예정일과 도착예정일을 통보해주면 된다.

때를 나타낼 때의 올바른 전치사 사용법

시각을 나타낼 때는 at을 사용하여 at two(2시) at 6.20(6시 20분), at midnight(자정) 등과 같이 표현한다.

날짜나 요일을 나타낼 때는 on을 사용하여 on 7 July, on Friday, on Christmas Day 등과 같이 표현한다.

무역통신문에서 시한을 명시할 때는 within을 사용하여 Please ship the goods within the end of this month라고 표현한다.

'언제부터 언제까지'를 표현하려면 from … to 혹은 from … till/until을 사용해 We open our office from nine to(till) five와 같이 표현한다.

[스케줄을 애매하게 표현할 필요가 있을 때]

오더를 하거나 선적예정스케줄을 통보할 때 아직 일정이 확정되지 않아서 정확한 날짜를 찍어서 말하기가 곤란한 경우가 있다. 이런 경우 이달 말쯤, 내달 초순경, 하반기 등으로 다소 애매하게 표현해야만 나중에 책임추궁을 당하지 않게 된다. 이와 관련된 표현법은 다음과 같다.

- **상반기:** the first half of the year
- **하반기:** the second half of the year
- **일사분기:** the first quarter of the year
- **연초:** the beginning of the year
- **연말:** the end of the year
- **1월 초:** early January
- **1월 중순:** in the middle of January
- **1월 말경:** toward the end of January

날짜를 통보할 경우에 확실치가 않을 때는 날짜 앞에 about이나

around를 붙여서 표현하며 선적스케줄을 통보할 때는 흔히 on or around January 15, 2005와 같이 표현한다.

반대로 어느 특정기한까지 상대방의 조치가 필요한 경우에는 within the end of this month, not later than January 15, 2005 등의 표현을 사용해서 최종기한을 명시해두는 것이 좋다.

다른 사람의 말을 옮길 때 사용하는 단어들

제3자가 한 말을 다른 사람에게 전달해야 할 경우에는 say나 tell을 사용한 간접화법으로 문장을 구사해야 하는데 보통 tell을 사용하는 것이 일반적이며 말을 들은 시점과 이를 전달하는 시점의 시제차이를 감안하여 tell의 과거형인 told를 사용하게 된다.

told 뒤에 목적어가 있을 경우에는 He told me that…과 같이 표현하고 said를 사용할 경우에는 반드시 목적어 앞에 전치사 to를 집어넣어서 He said to me that…과 같이 표현한다. 이때 that은 생략해도 무방하다.

좀 더 매끄러운 문장을 만들기 위해서는 say나 tell을 반복해서 사용하는 것을 피하고 사안에 따라서 inform, advise, state, mention, insist, comment, indicate, hint 등의 다양한 단어를 적절하게 구사하는 것이 좋다.

무역통신문에서 가장 일반적으로 사용하는 단어는 inform과 advise이며 강한 주장을 표현할 때는 insist, 넌지시 암시하거나 시사하는 듯한 발언을 표현하려면 indicate나 hint, suggest 등을 사용해 표현한다. 이때 suggest를 '제의하다'는 뜻으로 해석하지 않도록 조심해야 한다.

[공손한 표현들]

비즈니스를 위해서 외국인을 상대할 때는 개인적으로 만날 때보다 좀 더 공손한 표현에 익숙해질 필요가 있다. 흔히 영어에는 존댓말이 없다고 생각하지만 다음과 같이 may, could, would, shall 등과 같은 조동사를 사용하면 보다 공손한 느낌을 줄 수 있다.

May

May I have your email address?

May I send my report to your office?

May I visit you this afternoon?

Could

Could you give me your price?

Could you send me some samples, please?

Could you please give me some advice on this problem?

Would

Would you like to order this item?

When would you like to visit my office?

How would you like your goods to be packed?

Shall

Shall I sign this contract?

Shall I send my price list to you?

Shall I ship your order tomorrow?

일반영어와 다른 의미로 쓰이는 경우

외국어를 배울 때 가장 피해야 할 것 중에 하나가 특정단어에 대한 고정관념을 갖는 것이다. 영어의 경우에도 극히 일부의 단어를 제외하고는 대부분의 경우 단어마다 한 가지 뜻만 있는 것이 아니고 문장에 따라서 다양한 뜻으로 사용되게 된다. 따라서 문장 속에서 해당 단어가 어떤 뜻으로 사용되었는지를 파악해야만 정확한 해석이 가능해진다.

무역영어 중에 일반영어와 다른 뜻으로 사용되는 대표적인 단어로는 good, work, negotiation, deliver 등이 있다. 우선 good과 work는 각각 '좋다'와 '일하다'라는 뜻으로 주로 사용되지만 무역영어에서는 복수형으로 사용해서 goods는 '상품(물품)', works는 '공장'이라는 뜻으로 사용되는 경우가 많다.

또한 negotiation은 일반영어에서 주로 '협상하다'라는 뜻으로 사용되지만 신용장방식의 거래에서는 '매입'이라는 뜻으로 사용되며, deliver는 일반영어에서는 '배달하다'라는 뜻으로 사용되지만 무역영어에서는 '인도하다'라는 뜻으로 사용된다.

영문직위는 나라마다 다를 수 있다

직위를 영어로 표현할 때는 세심한 주의가 필요하다. 특히 사장의 경우 지역마다 영어 호칭이 달라서 뜻하지 않게 오해를 사게 되는 경우가 있다.

우리가 보통 사장을 영어로 호칭할 때 사용하는 president라는 단어는 주로 미국이나 유럽대륙에서 통용되는 것이고, 영국과 홍콩을 포함한 영연방 국가에서는 사장을 managing director라고 하며, 아랍권과 중국을 위시한 화교권에서는 general manager라는 호칭을 사용한다.

회사의 규모가 작거나 개인기업인 경우 사장이면서도 명함에는 그저 director나 manager라고 표기하는 경우도 많다. 또한 외국회사의 사장 중에는 명함에 아예 직위를 표기하지 않는 경우도 있다.

흔히 우리나라에서 전무이사나 상무이사의 직위를 영문으로 표시할 때 senior executive managing director나 executive managing director 등과 같이 부르는 경우가 많은데, 이런 직위가 찍힌 명함을 가지고 영국회사를 방문했다가는 대단한 회사의 사장으로 오인받을 수도 있으므로 조심해야 한다.

또한 중동지역에 출장 가면서 총무부장을 대동한 경우 상대방 사람에게 명함을 건네주면 대부분의 경우 명함에 general manager라는 직위가 찍힌 총무부장이 사장인 줄로 착각하게 된다. 반대로 상대방의 명함에 general manager라는 직위를 보고 사장님은 어디 계시냐고 물었다가는 큰 낭패를 당하기 십상이다.

우리나라에서는 부사장으로 통용되는 vice president라는 용어도 회사에 따라서는 부서책임자 정도를 일컫는 경우가 있고, 흔히 중역이라고 해석하는 executive라는 단어도 일부 국가에서는 담당사원을 의미하기도 한다.

이와 같이 영문직위는 국가나 회사별로 다른 의미로 사용될 수 있다는 것을 염두에 두고 우리나라에서 일반적으로 사용하는 영문직위에 집착하지 말고 실제로 상대방이 어떤 의미로 사용하는지를 확인할 필요가 있다.

Commission Agent의 의미

오퍼상으로서 해외공급업체에 에이전트로 일하길 원한다는 의사를 표명했는데도 불구하고 직접 물건을 수입해서 판매하려는 것으로 잘못 이해하는 경우가 있다. 이는 에이전트라는 단어가 거래당사자 간의 무역거래를 알선해주고 커미션을 받는 순수한 오퍼상이라는 뜻 외에 자신이 직접 수입해서 판매하는 sales agent 혹은 distributor의 뜻으로도 해석되기 때문이다. 이럴 때 상대방에게 순수한 거래알선 에이전트로 일하고 싶다는 뜻을 명확히 하기 위해서는 commission agent라는 표현을 사용하는 것이 좋다.

개중에는 처음부터 커미션 얘기를 꺼내는 것을 부담스럽게 생각하는 사람들도 있지만 에이전트를 통한 거래에 익숙해 있는 서양인들의 시각에서 보면 거래를 알선해주고 커미션을 받는 것이 조금도 이상한 일이 아니므로 처음부터 commission agent로 일하고자 하는 의향을 밝히는 것을 주저할 필요가 없다.

다만 아직까지 에이전트를 통한 거래에 익숙하지 않은 국가의 거래처를 상대할 때는 commission agent의 역할이나 필요성에 대해서 설명하면서 조심스럽게 접근할 필요가 있다.

'We'를 쓸 것인가, 'I'를 쓸 것인가

이메일 작성 시 고민되는 것 중에 하나가 주어를 We로 할 것인지 I로 할 것인지를 결정하는 것이다. 개인적으로 연락하는 것이라면 고민할 필요 없이 I를 쓰면 되는데 문제는 무역거래를 위해서 상대를 접촉할 때다.

이때는 개인적인 메시지라기보다는 회사를 대표해서 보내는 메시지이므로 We를 사용하는 것을 신중히 고려해볼 필요가 있다.

특히 처음 거래를 시작할 때는 I보다 We를 사용함으로써 상대방에게 개인적인 메시지가 아니라 회사를 대표하는 입장에서 메시지가 작성되었다는 인상을 심어주는 것이 효과적이다.

물론 이건 정해진 법칙은 아니다. 거래처에 따라서는 처음부터 I를 사용하는 회사도 있고 We로 작성한 메일에 대한 답신을 I로 작성해서 보내오는 경우도 있다.

실제로 거래가 이루어지고 담당자와 일상적인 업무연락을 할 때는 I를 주어로 사용하는 것이 바람직하다. 상대방이 I를 주어로 사용하는데도 계속해서 We를 주어로 사용하면 상대방이 거리감을 느낄 수도 있으므로 조심해야 한다.

주어로 I를 사용할 것인지 We를 사용할 것인지에 대해서 확실한 판단이 서지 않는다면 처음 접촉할 때는 We를 사용하다가 상대방이 I를 주어로 사용하는 시점에 자연스럽게 I로 바꾸는 것이 무난하다.

Chapter 5

상황별 영문표현

[처음 편지를 보낼 때]

해외 거래처를 처음 접촉할 때는 반드시 어떤 경로로 상대방을 알게 되었는지를 밝히는 것이 좋다. 생전 들어본 적도 없는 회사로부터 거래 제의를 받았을 때 자사에 대한 정보를 어떤 경로로 입수했는지에 대해서 아무런 설명이 없다면 미지의 상대방으로부터 행운의 편지를 받은 것과 마찬가지로 불쾌한 감정이 생길 수밖에 없다.

모든 인간관계에서와 마찬가지로 회사 간의 접촉에 있어서도 첫인상이 중요하기 때문에 처음 상대방을 접촉할 때 좋은 인상을 심어주기 위해서라도 행운의 편지식의 접근은 피하는 것이 좋다. 따라서 첫 번째 메시지는 다음과 같은 어구로 시작함이 바람직하다.

- **We obtained your name and address through KOTRA.**

  KOTRA로부터 귀사의 상호와 주소를 입수했습니다.

- **We learned from an article published by Asia Business News that you are a leading supplier of medical equipment.**

  아시아비즈니스뉴스에 게재된 기사를 통해서 귀사가 의료장비의 선도적인 공급업체라는 것을 알게 되었습니다.

- **We obtained your name and address from the American Chamber of Commerce in Seoul.**

  서울에 있는 미국상공회의소로부터 귀사의 상호와 주소를 입수하였습니다.

[답장을 보낼 때]

상대방으로부터 편지를 받고 그에 대한 답장을 보낼 때는 반드시 서두에서 상대방으로부터 편지를 받았음을 명시해주는 것이 좋다. 상대방이 보낸 편지에 대한 언급이 없이 바로 본론으로 들어가는 것은 예의에도 어긋날뿐더러 상대방으로 하여금 자신이 보낸 편지가 제대로 전달되지 않았나 하는 염려를 하게 만들 수도 있기 때문이다. 이 경우 흔히 사용되는 표현법은 아래와 같다.

- **Thank you for your email dated January 15.**
  1월 15일자 귀사의 이메일 잘 받았습니다.

- **In reference to your letter dated February 10, we would like to advise you of our reply as follows:**
  2월 10일자 귀사의 서신과 관련하여 당사의 답신을 아래와 같이 통보합니다.

• **In response to your email dated March 20, we are pleased to inform you that we succeeded in persuading our client to accept your proposal.**

3월 20일자 귀사의 이메일에 대한 답변으로, 당사가 우리의 고객으로 하여금 귀사의 제안을 수락하도록 설득하는 데 성공하였음을 알려드립니다.

답장이 지연되었을 때

상대방에 대한 답장이 지연되었을 때는 서두에서 답장이 지연되었음을 사과하고 본론에 들어가는 것이 상대방에 대한 예의다. 하지만 지연된 사유를 너무 장황하게 늘어놓는 것은 핑계를 대는 것 같은 인상을 줄 수도 있으므로 조심해야 한다.

- **I apologize for my delayed reply to your email dated April 5. I have just returned from an overseas trip.**

  4월 5일자 귀사의 이메일에 대한 답장이 늦어져서 죄송하오나 저는 방금 해외여행에서 돌아왔습니다.

- **Kindly excuse our delayed reply to your letter dated May 4.**

  5월 4일자 귀사의 서신에 대한 당사의 답장이 늦어진 것을 용서하십시오.

- **Please accept our apologies for our delayed reply.**

  당사의 답장이 지체되었음을 용서해주십시오.

[답장을 촉구할 때]

상대방의 답장을 촉구할 때는 상대방 기분을 상하게 하지 않는 범위 내에서 답장이 지연되고 있음을 알리고 조속한 답신이 필요함을 주지시키는 것이 바람직하다.

- **We are waiting for your reply to our email dated June 11.**

  6월 11자 당사의 이메일에 대한 귀사의 답장을 기다리고 있습니다.

- **We kindly ask you to send us a reply to our letter dated July 23 at your earliest convenience.**

  7월 23일자 당사의 서신에 대한 귀사의 답장을 가능한 한 빨리 보내주시기 바랍니다.

- **Please provide us with answers to the questions posed in our email dated August 30 as soon as possible.**

  8월 30일자 당사의 이메일에서 제기한 질문에 대한 답변을 가능한 한 빨리 해주시기 바랍니다.

[오랜만에 다시 접촉할 때]

한동안 연락하지 않다가 오랜만에 상대방을 접촉할 때는 간단한 안부 정도는 물어보고 본론으로 들어가는 것이 좋다.

- **It has been long time since we met in London. I hope you are well and your business is prospering.**
  우리가 런던에서 만난 지도 오랜 시간이 흘렀습니다. 잘 지내시고 사업이 번창하길 기원합니다.

- **How are you these days? We hope you have enjoyed your holiday.**
  요즘 어떻게 지내십니까? 즐거운 휴가를 보내셨길 바랍니다.

- **I am pleased to write to you again, and I hope this fax finds you in good health.**
  다시 연락을 드리게 되어 기쁘게 생각하오며 부디 건강하시길 바랍니다.

[사실을 통보할 때]

무역거래를 함에 있어 오더발주, 신용장 개설 통지, 선적통보 등의 사실을 상대방에게 통보할 때는 가급적 간단명료하게 사실을 전달하도록 한다. 사실만을 전달한다는 것이 허전하게 느껴질 수도 있으나 무역영어란 어차피 사실의 전달이 주목적인 만큼 쓸데없는 군더더기 말을 추가하는 것은 바람직하지 않다.

- **We are pleased to place a new order as follows.**
  신규오더를 아래와 같이 발주합니다.

- **An L/C has been opened as follows.**
  신용장이 아래와 같이 개설되었습니다.

- **Your order of sports accessories has been shipped as follows.**
  귀사의 스포츠액세서리 오더가 아래와 같이 선적되었습니다.

[들은 얘기를 전달할 때]

한쪽에서 들은 얘기를 다른 한쪽에 전달할 경우에는 언제 누구로부터 어떤 얘기를 들었는지를 마치 신문기자가 기사를 쓰듯이 일목요연하게 정리해서 상대방에게 전달할 필요가 있다.

- **We contacted Company ABC this morning and they informed us that they would be placing a new order very soon.**
  오늘 아침에 ABC사를 접촉하여 그들이 곧 신규오더를 발주할 것이라는 얘기를 들었습니다.

- **We were asked by Mr. Kim of Company ABC to inquire as to whether you could reduce your price any further.**
  ABC사의 미스터 김으로부터 귀사의 가격을 좀 더 인하할 수 있는지를 확인해달라고 요청받았습니다.

- **Mr. Lee of Company ABC informed me that they were satisfied with your products.**

ABC사의 미스터 리가 귀사의 상품에 만족한다고 알려주었습니다.

• **Mr. Smith made it clear that the payment should be made by L/C.**
스미스 씨는 대금결제가 신용장으로 이루어져야 한다는 것을 명확히 했습니다.

상황을 설명할 때

무역거래를 하려면 거래상대방에게 단순한 사실의 전달뿐만 아니라 중요한 사안에 대한 상황설명을 곁들여 할 경우가 있다. 특히 상대방이 쉽게 이해하지 못할 상황이 발생하였을 때나 오해의 소지가 있는 부분에 대해서는 구체적이고도 충분한 상황설명을 해서 상대방의 오해가 없도록 해야 한다.

- **We would like you to note that the market price has dropped sharply these days due to the local economic recession.**
  국내 경기침체로 인해서 시장가격이 최근에 급격히 하락했음을 이해하시기 바랍니다.

- **We wish to provide you with further explanation of the situation as follows:**
  현재 상황에 대한 추가적인 설명을 아래와 같이 드립니다.

• **We regret to inform you of the above situation, but hope you will understand that we have no choice but to accept their proposal.**
상기한 바와 같은 상황을 알려드려서 유감이오나, 우리가 그들의 제안을 받아들이는 것 외에는 다른 대안이 없음을 이해하시기 바랍니다.

상대방이 보내온 편지를 이해하지 못했을 때

영문편지를 주고받다보면 상대방에서 보내온 메시지의 내용을 이해하지 못하는 경우가 있다. 영어 자체가 틀렸다기보다는 상황에 대한 설명이 부족해서 상대방의 정확한 의도를 파악하기가 힘든 경우가 있다. 이런 경우 대충 넘겨짚어서 이해하고 일을 처리했다가 실수할 수도 있으므로 상대방에게 명확한 설명을 요청하는 것이 좋다.

- **We apologize, but we are uncertain of what you mean by "deferred payment." Please clarify whether you want to pay by usance L/C or by D/P.**

  죄송하오나 "deferred payment"라는 용어의 뜻을 이해하지 못하겠습니다. usance L/C로 지급하겠다는 것인지 아니면 D/P로 지급하겠다는 것인지를 명확히 해주시기 바랍니다.

- **We are having difficulty interpreting your message dated September 23; Kindly provide us with a more detailed explanation of those issues mentioned in the message.**

9월 23일자 귀사 메시지의 명확한 뜻을 파악하기가 힘들므로 상기 언급한 메시지에서 언급한 사안에 대한 보다 구체적인 설명을 부탁드립니다.

- **Please send us more detailed information about the technical data sent to us last week.**

  지난주에 당사로 보낸 기술자료에 대한 보다 구체적인 자료를 보내주시기 바랍니다.

[상대방의 이해를 구할 때]

상대방에게 어려운 부탁을 하거나 자신의 실수로 일이 잘못되어 상대방의 이해를 구해야 할 경우에는 되도록 정중하게 상황을 설명하고 다음과 같은 표현으로 마무리를 짓는 것이 좋다.

- **Your kind understanding on this matter would be appreciated.**
  본 건을 이해해주시면 감사하겠습니다.

- **We hope for your kind understanding on this matter.**
  본 건에 대한 귀하의 우호적인 이해를 바랍니다.

- **We regret that we failed to meet the order deadline, and we assure you that we will avoid repeating the mistake in the future.**
  오더 마감일을 지키지 못한 것을 유감스럽게 생각하며, 다시는 그런 실수를 되풀이하지 않을 것임을 약속드립니다.

[상대방에게 요청할 때]

업무와 관련하여 상대방에게 요청해야 할 일이 있을 때는 그 내용을 명확하게 전달하여 상대방이 적절한 조치를 취할 수 있도록 해야 한다.

- **Please send us your catalog and price list by air mail.**
  귀사의 카탈로그와 가격표를 우편으로 보내주십시오.

- **We would like you to dispatch our order as soon as possible within this week.**
  당사의 오더를 금주 중 가능한 한 빨리 보내주시기 바랍니다.

- **It would be appreciated if you could offer us a special discount of 3% in order to make your price more competitive.**
  귀사의 가격을 좀 더 경쟁력 있게 하기 위해서 3%의 특별가격인하를 해주시면 고맙겠습니다.

[서류를 첨부할 때]

편지나 팩스를 보내면서 별도의 서류를 첨부할 경우에는 반드시 별첨물이 있음을 명시하여 상대방이 확인토록 해야 한다.

- **Enclosed please find our market report prepared in accordance with you request.**

  귀사의 요청에 따라 작성한 시장조사서를 동봉합니다.

- **We have enclosed a copy of our invoice.**

  당사의 인보이스 사본을 동봉합니다.

- **A copy of the L/C application is enclosed herewith.**

  신용장개설신청서 사본을 유첨합니다.

[거래제의 서신 샘플]

수출

We obtained your name and address from Mr. Kim of Company ABC, who informed us that you are interested in various novelty items for the American market.

As an exporter specialized in such novelty items as mugs, can openers, lighters, etc., we would like to form a business relationship with you. We represent several local manufacturers for the export market and are exporting various novelty items to our clients all over the world.

Please review our items described in the enclosed leaflets and inform us if you are interested in any of them.

We look forward to hearing from you soon.

수입

Your name and address were given to us by American Chamber of Commerce in Seoul, and we have learned that you are a reliable manufacturer of testing equipment.

We have been engaged in the import of a variety of testing equipment for more than ten years and are looking for a new supplier of state-of-the-art testing equipment that can be introduced to our customers in the pharmaceutical industry.

If you are able to supply any testing equipment for the pharmaceutical industry, please send us a catalog and advise us of the best export price you can provide for our review.

We thank you in advance for your kind cooperation.

수출알선

We learned from your announcement posted on the EC21 that you are seeking various stationery items.

We are a specialized export sales agent for local manufacturers of various stationery items. Based on our special relationship with many reliable manufacturers, we can introduce to you quality products at an attractive price.

By utilizing our company as a single source for stationery items, you can have easy access to various kinds of quality stationery items without wasting time seeking out manufacturers of each item separately.

We have enclosed a copy of our catalog and an export price list for your evaluation. Should you require samples or any further information, please feel free to contact us.

We assure you we will strive to serve you as best we can, and we look forward to hearing from you soon.

수입알선

We obtained your name and address from the Thomas Register, and we have learned that you are a leading supplier of various printing machines.

As a commission agent working with foreign suppliers, we specialize in printing machines and maintain a close relationship with many prospective printers in this market.

Based on our proven experience in this field, we would like to offer you our services and work with you as your agent in this market. As your agent, we will introduce your machines to our customers, obtain their orders and coordinate dealings between you and our customers. We will also provide you with periodical reports on the current situation in this market.

If you are interested in our services, please send us catalogs as well as a quotation including our commission.

We look forward to having an opportunity of working with your esteemed company.

Chapter 6

주제별 영문표현

[인콰이어리(Inquiry)]

• 특정물품의 공급가능성을 타진할 때

As an importer of various paper products, we are interested in sourcing color copy paper to be used with color copy machines. Please advise us if you can supply this item for the Korean market.

당사는 다양한 종이제품의 수입업체로서 컬러복사기에 사용할 컬러복사지에 관심이 있습니다. 귀사에서 한국시장에 동 아이템을 공급가능한지를 알려주시기 바랍니다.

• 문의에 대한 답신(공급가능할 때)

We are pleased to confirm that we are able to supply color copy paper for your market. We will gladly send a detailed offer should you send us a specific inquiry including the size and type of paper you require.

귀하의 시장에 컬러복사지를 공급할 수 있음을 확인합니다. 귀사가 필요로 하는 종이의 사이즈와 타입을 포함한 구체적인 문의를 주시면 당사의 구체적인 오퍼를 보내드리겠습니다.

• **문의에 대한 답신(공급불가능할 때)**

We thank you for your inquiry, but regret to inform you that we no longer produce color copy paper, and therefore not in a position to supply this item to you.

귀사의 문의에 감사하오나, 당사에서 더 이상 컬러복사지를 생산하지 않아서 동 아이템을 귀사에 공급할 입장이 되지 못한다는 것을 알려드리게 되어 유감으로 생각합니다.

[오퍼(Offer)]

• **오퍼를 요청할 때**

Please send us your offer including price, delivery lead time and payment conditions.

가격, 운송소요시간, 지급조건을 포함한 귀사의 오퍼를 보내주시기 바랍니다.

• **오퍼를 보낼 때**

We are pleased to submit our firm offer as follows:

당사의 오퍼를 아래와 같이 제출합니다.

• **오퍼를 받았을 때**

Thank you for your offer dated October 3. We will study it and advise you of our response with a specific inquiry, if any.

10월 3일자 귀사의 오퍼를 잘 받았습니다. 검토한 후에 구체적인 문의사항이 있으면 연락하겠습니다.

[거래조건(Trade Terms)]

• 거래조건을 제시할 때

Our price is based on FOB Busan and can be adjusted for any other conditions if you wish.

당사의 가격은 부산항 본선인도조건이며, 귀사에서 원한다면 다른 조건으로 조정할 수 있습니다.

• 거래조건의 변경을 원할 때

We noted your CIF price, but kindly ask you to quote the FOB New York price considering we wish to use our forwarding agent for shipping arrangements.

귀사의 운임보험료포함가격을 알았습니다만, 당사에서는 당사의 운송대리인으로 하여금 선적을 수배하기를 원한다는 것을 감안하시어 뉴욕항 본선인도가격을 제시해주시기 바랍니다.

• 가격의 유효기일을 명시할 때

Our price shall remain valid until the end of this month, after which a new price shall be applied.

당사의 가격은 이번 달 말까지 유효하며 동 유효기일 후부터는 새로운 가격이 적용될 것입니다.

[가격네고 (Price Negotiation)]

• **가격의 인하를 요청할 때**

We considered your price, but found it to be too high to be accepted in this market. Please check your price once again and advise us if there is any room for a further reduction.

귀사의 가격을 검토하였으나 이곳 시장에서 받아들여지기에는 너무 높다는 것을 알게 되었습니다. 다시 한번 귀사의 가격을 검토하시어 추가 가격인하의 여지가 있는지를 알려주시기 바랍니다.

• **가격인하를 통보할 때**

We have decided to offer a special discounted price and are pleased to advise you of our final rock-bottom price as follows:

당사에서는 특별가격할인을 허용하기로 결정하였으며, 당사의 최종 최저가격을 아래와 같이 통보합니다.

• **가격인하가 불가능함을 통보할 때**

We regret that we are unable to offer any further discount because we have already proposed the maximum discount we can grant you. We would appreciate your kind understanding on this matter.

당사에서는 이미 당사에서 허용할 수 있는 최대한의 가격할인을 허용하였으므로 더 이상의 추가적인 가격할인을 해드릴 수 없음을 유감스럽게 생각합니다. 본 건에 대한 귀사의 깊은 이해 바랍니다.

[결제방식 (Payment Method)]

• **결제방식을 제시할 때**

Payment should be made by irrevocable L/C at sight or T/T in advance.

대금지급은 취소불능일람불신용장이나 사전송금방식에 의해서 이루어져야 합니다.

• **상대방이 제시한 결제방식에 동의할 수 없을 때**

We regret to inform you that we are unable to accept payment by D/A because our accounting department will not approve it.

당사의 경리부에서 허용하지 않을 것이기 때문에 인수도조건의 대금지급을 받아들일 수 없음을 유감스럽게 생각합니다.

• **결제방식의 변경을 원할 때**

We note that you request that payment be made by T/T in advance, but kindly ask you to accept payment by irrevocable L/C at sight for our trial order.

귀사에서 대금이 전신환사전송금에 방식에 의해서 결제되는 것을 요구하는 것을 알고 있지만, 당사의 시험오더에 대해서 취소불능 일람불신용장에 의한 대금지급을 수락해주시기 바랍니다.

[포장(Packing)]

• 포장방식을 문의할 때

Please inform us of how your products are packaged for export. Please also advise us of the dimensions of your export carton and how many pieces are packed in a single carton.

귀사의 제품이 수출을 위해서 어떤 식으로 포장되는지를 알려주시기 바랍니다. 또한 수출용판지상자의 치수와 상자 하나에 몇 개가 들어가는지를 알려주시기 바랍니다.

• 포장방식을 통보할 때

6 tubes are packed in a paper box and 20 paper boxes are packed in an export carton box, so a total of 120 tubes are packed in one export carton.

6개 튜브가 종이상자에 담기고 20개 종이 상자가 한 개의 수출용판지상자에 담겨서 총 120개의 튜브가 한 개의 수출용판지상자에 담깁니다.

• **포장방식의 개선을 요청할 때**

We received our recent order, but found that several cartons were damaged during transport. Please reinforce your export packaging by using stronger cartons in order to avoid this from occurring in the future.

당사에서 최근에 주문한 물건을 받았습니다만, 운송 중에 몇 개의 상자가 파손된 것을 발견하였습니다. 이와 같은 문제가 재발하지 않도록 보다 튼튼한 판지상자를 사용해서 수출포장을 보강해 주시기 바랍니다.

오더발주
(Order Placement)

• 오더발주시기를 물어볼 때

Please advise us when your new order will be placed.

언제 새로운 오더를 발주할지를 알려주시기 바랍니다.

• 오더발주를 촉구할 때

We have been waiting for your new order since last month. Please provide us with your order promptly.

당사에서는 지난달부터 귀사의 새로운 오더를 기다리고 있습니다. 조속한 오더 바랍니다.

• 오더발주가 지연됨을 통보할 때

We still require some additional time to finalize our new order because some of our clients have not returned from holidays. We will contact you as soon as our order is prepared.

당사의 고객이 아직 휴가가 끝나지 않아서 새로운 오더를 최종적으로 결정짓기까지 좀 더 시간이 필요합니다. 당사의 오더가 준비되는 대로 연락드리겠습니다.

• 오더를 발주할 때

We are pleased to place our new order as follows:

당사의 신규오더를 아래와 같이 발주합니다.

• 오더를 받았을 때

In appreciation of your valued order, we will ensure that the goods ordered are delivered within this month without fail.

귀사의 소중한 오더에 감사드리며, 주문하신 상품을 반드시 이번 달 안에 보내드리도록 만전을 기하겠습니다.

신용장
(Letter of Credit)

• 신용장 개설 여부를 문의할 때

Please confirm whether the L/C for your recent order has been opened. If it has been opened, please advise us of the details of the L/C such as the number, amount, issuing bank, latest shipment date, expiration date etc. If possible, please send us copy of the L/C application.

귀사에서 최근에 발주한 오더에 대한 신용장이 개설되었는지를 확인해주십시오. 개설되었다면 번호, 금액, 개설은행, 최종선적일자, 유효기일 등과 같은 신용장의 자세한 내용을 알려주시기 바랍니다. 가능하다면 신용장개설신청서 사본을 보내주시기 바랍니다.

• 신용장 개설을 통지할 때

We are pleased to inform you that the L/C for our order of printing machines has been opened as follows:

We have enclosed a copy of the L/C application for your reference.

당사의 인쇄기 오더에 대한 신용장이 아래와 같이 개설되었음을 통보합니다. 참고로 신용장개설신청서 사본을 동봉합니다.

• **신용장 조건의 변경을 요청할 때**

We received the L/C, but found that it prohibits partial shipments despite your request for a shipment in two parts. Please amend the L/C to allow partial shipments as soon as possible.

신용장을 잘 받았습니다만, 귀사에서 두 번에 나누어 선적해달라고 요청했음에도 불구하고 신용장에는 분할선적을 금지하고 있음을 발견하였습니다. 가능한 한 빨리 분할선적을 허용하도록 신용장을 개정해주십시오.

생산일정 (Production Schedule)

• **주문한 오더가 언제 준비되는지를 문의할 때**

Please confirm when our recent order can be ready for shipment.

당사에서 최근에 발주한 오더가 언제 선적준비가 되는지 확인해 주시기 바랍니다.

• **오더준비시점을 통보할 때**

Your order is expected to be ready by the end of this week. We will advise you as soon as it is prepared.

귀사의 오더가 이번 주말까지 준비될 것으로 예상됩니다. 준비되는 대로 알려드리겠습니다.

• **오더의 준비가 늦어짐을 통보할 때**

Production of your order is being delayed due to a local holiday. We will try our best to get back on schedule and will advise you as soon as production is completed. Please accept our apologies for the delay.

국내휴일로 인해서 귀사에서 발주한 오더의 생산이 지연되고 있습니다. 당사는 늦어진 것을 따라잡도록 최선을 다할 것이며 생산이 완료되는 대로 통보하겠습니다. 지연에 대한 당사의 사과를 받아주시기 바랍니다.

운송방법
(Transportation Mode)

• **운송방법을 확인할 때**

Please confirm whether you wish the goods to be dispatched by air or by sea.

상품이 해상 또는 항공운송 중 어떤 편으로 운송되기를 원하는지 확인해주시기 바랍니다.

• **포워더를 지정할 경우**

We have named Company ABC as our forwarding agent for our recent order, so kindly deliver the goods to ABC as soon as they are ready.

당사의 최근 오더에 대해서 ABC사를 당사의 운송대리인으로 지명하였사오니 상품이 준비되는 대로 ABC사에 인도하시기 바랍니다.

• **운송시기를 조정할 경우**

We are preparing an additional order and would like you to ship it together with our recent order, so kindly put shipment of our recent order on hold until further notice.

당사에서는 추가오더를 준비 중이며 동 오더가 최근에 발주한 오더와 함께 선적되기를 원하므로 다시 연락할 때까지 최근에 발주한 오더의 선적을 보류해주십시오.

선적시기 (Time of Shipment)

• **선적을 독촉할 때**

We are in urgent need of the goods ordered, so kindly ship our order as soon as possible this week.

당사에서는 주문한 상품이 화급히 필요하므로, 금주 안에 가급적 빨리 선적해주시기 바랍니다.

• **선적이 지연됨을 통보할 때**

We regret to inform you that due to an unexpected production problem, shipment of your order will be unavoidably delayed for two weeks. We apologize sincerely for the delay, and we ask for your kind understanding on this matter.

예상치 못한 생산상의 문제로 인해서 귀사 오더의 선적이 불가피하게 2주간 지체됨을 알려드리게 되어 유감스럽습니다. 상기한 지체에 대해서 사과드리며 이해바랍니다.

• **선적 여부를 문의할 때**

Please confirm if our order of printing machines has been dispatched. Please send us copies of shipping documents upon available.

인쇄기가 발송되었는지를 확인 바랍니다. 선적서류가 준비되는 대로 보내주시기 바랍니다.

• **선적을 통보할 때**

Your order has been shipped on the vessel "Arirang V-007" which is scheduled to arrive in Busan on November 12.

귀사의 오더가 11월 12일 부산항에 도착예정인 아리랑 7호에 선적되었습니다.

[클레임(Claim)]

• 클레임을 제기할 때

We received our order, but found that the quality of the goods is unsuitable for sale to our customers. Our customers insist that there is considerable difference between the quality of your samples and that of the goods actually shipped by you. Please respond to us regarding said quality issue.

당사에서 주문한 상품을 받았습니다만, 당사의 고객에게 판매하기에는 품질이 적합지 않다는 것을 알게 되었습니다. 당사의 고객들은 견본품과 귀사에서 실제로 선적한 상품과의 품질이 상당한 차이가 난다고 주장합니다. 상기한 품질문제에 관해서 귀사의 답변을 주시기 바랍니다.

• 클레임을 받았을 때

We regret that the quality of our goods failed to satisfy you and your customers. We will investigate whether any problems have occurred in the production process of the goods and report back to you with our findings shortly.

우선 당사제품의 품질이 귀사와 귀사의 고객을 만족시켜드리지 못한 것을 유감스럽게 생각합니다. 귀사에서 주문한 상품의 생산 과정에서 어떤 문제가 있었는지를 확인해서 그 결과를 가지고 다시 연락드리겠습니다.

• **클레임을 인정할 수 없음을 통보할 때**

We consulted with our production department and confirmed that your order was produced under strict quality control, so there is no possibility that the goods were faultily produced. Please send us one unit of the goods you received so that we can personally evaluate it.

당사의 생산부서와 면밀히 확인한 결과 귀사에서 주문한 상품이 엄격한 품질관리하에 생산되어서 동 상품이 잘못 생산되었을 가능성이 없다는 것을 확인하였습니다. 이와 관련하여 당사에서 직접 시험해볼 수 있도록 귀사에서 실제로 받은 상품 한 개를 보내주시기 바랍니다.

[에이전트 독점권 (Exclusive Agency)]

• **독점권을 요청할 때**

We would appreciate it if you would allow us to act as your exclusive agent for the Korean market so that we can concentrate our efforts on promoting the sale of your products.

귀사제품의 판매촉진에 전력을 기울일 수 있도록 귀사의 한국시장 내 독점에이전트로 일할 수 있도록 허락해주시면 고맙겠습니다.

• **독점권을 부여할 때**

We are pleased to appoint you as our exclusive agent for Korea. This appointment may be renewed at our discretion, subject to the realization of satisfactory sales.

귀사를 당사의 한국 내 독점에이전트로 지명합니다. 본 지명은 만족스러운 판매가 이루어지는 조건으로 당사의 자유재량에 따라 갱신될 수 있습니다.

• **독점권을 부여하기가 곤란할 때**

We regret to inform you that we are not in a position to allow you to act as our exclusive agent in Korea as we already have an agent working for us on a non-exclusive basis.

당사는 이미 당사를 위해 비독점으로 일하고 있는 에이전트가 있기 때문에 귀사를 당사의 한국 내 독점에이전트로 일하는 것을 허용할 수 없는 입장임을 유감스럽게 생각합니다.

[커미션(Commission)]

• 견적 시 커미션을 포함시켜달라고 할 때

Please include our commission when quoting your price for our customers.

당사 고객을 위해서 귀사의 가격을 견적할 때 당사의 수수료를 포함시켜주십시오.

• 커미션 송금을 요청할 때

Please remit our commission by wire transfer to the following account at your earliest convenience.

당사의 수수료를 가능한 한 빨리 아래 계좌로 전신환으로 송금해 주시기 바랍니다.

• 커미션을 받았을 때

We duly received our commission and appreciate your prompt remittance.

수수료 잘 받았으며 신속한 송금에 감사드립니다.

• **커미션 인상을 요청할 때**

It has become difficult for us to operate with the current commission rate owing to the great expense of promoting the sale of your products. We kindly request an increased commission rate of 5%, if possible.

귀사 상품의 판매촉진을 위해서 많은 경비가 소요됨으로 인해서 현재의 수수료율을 가지고 꾸려나가기가 힘들어졌으므로 가능하다면 당사의 수수료율을 5%로 인상해주십시오.

해외출장 (Overseas Business Trip)

• **출장스케줄을 통보할 때**

I am planning to visit Milan from December 12–19 and would like to meet you on the morning of the 13th. Please confirm if you are available to meet at this time.

12월 12일부터 19일까지 밀라노를 방문할 예정이며 13일 아침에 귀하를 만나고 싶습니다. 그때 만날 수 있는지 알려주시기 바랍니다.

• **스케줄을 수락할 때**

We are pleased to hear that you are coming to Milan soon. I am available to meet with you in the morning on January 15. If you need any assistance during your trip to Milan, please do not hesitate to contact us.

귀하께서 곧 밀라노에 오신다니 반갑습니다. 1월 15일 아침에 귀하를 만날 수 있습니다. 밀라노에 오실 때 도움이 필요하시면 주저하지 마시고 말씀하십시오.

• **스케줄이 맞지 않을 때**

I regret to inform you that I must attend a seminar in the first week of July, so I will not be able to meet with you during your proposed visit to Milan. Please postpone your trip until the second week of July, if possible.

유감스럽게도 7월 첫 주에 세미나에 참석해야 하기 때문에 귀하께서 계획하고 계신 밀라노 방문 중에 귀하를 만날 수가 없습니다. 가능하다면 귀하의 방문일정을 7월 둘째 주로 연기시켜주시기 바랍니다.

• **호텔예약을 의뢰할 때**

Kindly book a room for me at a hotel of your choosing and advise me of the hotel details and room rate.

귀하에게 편리한 호텔에 예약해주시고 호텔에 관한 상세정보와 숙박비를 알려주시기 바랍니다.

• **항공스케줄을 통보할 때**

I will arrive in Hong Kong at 11:45 AM on February 15 on flight KE-603 and plan to stay until February 18. I will leave Hong Kong at 1:00 PM on February 18 on flight KE-604.

2월 15일 오전 11시 45분에 KE-603편으로 홍콩에 도착해서 2월 18일까지 그곳에 머무를 예정입니다. 2월 18일 오후 1시에 KE-

604편으로 그곳을 떠날 것입니다.

• 출장에서 돌아와서

I have returned safely to Seoul. I enjoyed meeting with you and I appreciate the hospitality extended to me during my stay in Hong Kong. Please send my best regards to your family.

서울에 무사히 돌아왔습니다. 귀하를 만나서 좋았으며 홍콩에서 체류하는 동안 귀하의 환대에 감사드립니다. 가족들에게 안부 전해주십시오.

• 손님을 보내고 나서

I hope you have returned to Seoul safely. I enjoyed meeting with you and I look forward to seeing you again in the near future.

서울에 무사히 돌아가셨기를 바랍니다. 만나서 즐거웠으며 멀지 않은 장래에 다시 만날 수 있기를 기대합니다.

Chapter 7
영문서식

무역현장에서 사용하는 영문서식은 크게 계약서, 신용장, 선적서류로 구분할 수 있다.

계약서에는 수출자가 작성하는 proforma invoice, 수입자가 작성하는 purchase order가 있으며, 거래규모가 크고 장기계약인 경우에는 별도로 구체적인 계약조건을 명시한 sales agreement를 작성한다. 계약서 제목이나 양식은 정해진 것이 없으며 회사마다 사용하는 양식이나 제목이 다를 수 있다.

신용장이란 개설은행에서 수출자에게 수출대금의 지급을 확약하는 서식으로서, 신용장 양식은 개설은행에 따라 약간의 차이는 있으나 주요 항목의 내용은 동일하다. 신용장에서 요구하는 서류의 내역이나 조건은 수입자의 요청에 따라 추가될 수 있다.

선적서류란 수출자가 물건을 선적하고 수입자에게 직접 또는 은행을 통해서 보내주어야 하는 서류로서, 수출자가 작성하는 commercial invoice(상업송장)와 packing list(포장명세서), 선박회사에서 발행하는 bill of lading(선하증권) 또는 항공사에서 발행하는 air waybill(항공화물운송장), 보험회사에서 발행하는 insurance policy(보험증권), 상공회의소 등에서 발행하는 certificate of origin(원산지증명서) 등이 있다.

SMILE CORPORATION

① *Manufacturers, Expoters & Importers*

123, SAMSUNG-DONG, KANGNAM-KU, SEOUL, KOREA

TEL : (02) 555-1122 FAX : (02) 555-1133

PROFORMA INVOICE

② Messrs. HAPPY CORPORATION

③ Invoice No. SPI-0505

④ Date. May 5, 2020

⑤ Description	⑥ Quantity	⑦ Unit Price	⑧ Amount
	⑨ CIF NEW YORK		
SPORTS ACCESSORIES			
K-001	1,000 PCS	US$10.50	US$10,500.00
K-002	500 PCS	US$15.40	US$7,700.00
K-003	200 PCS	US$18.20	US$3,640.00
TOTAL :	1,700 PCS		US$21,840.00
********************	***************	***************	***************

⑩ Packing : EXPORT STANDARD PACKING

⑪ Shipping Port : BUSAN, KOREA

⑫ Destination : NEW YORK

⑬ Shipment : WITHIN ONE MONTH AFTER RECEIPT OF YOUR L/C

⑭ Payment : BY AN IRREVOCABLE L/C AT SIGHT TO BE OPENED IN OUR FAVOR

Very truly yours,

⑮ SMILE CORPORATION

① HAPPY CORPORATION

111, HAPPY ROAD, NEW YORK, USA
TEL. 123-456-789 FAX. 123-456-790

PURCHASE ORDER

② Messrs. Smile Corporation. 123, Samsung-Dong, Kangnam-Ku Seoul, Korea	③ Your Ref ____________ ④ Our Ref Happy-0512 ⑤ Date & Place May 14, 2020

⑥ Dear Sirs.
We Happy Corporation., as Buyer, hereby confirm our purchase of the following goods in accordance with the terms and conditions given below.

---

⑦ DESCRIPTION	SPORTS ACCESSORIES K-001 1,000 PCS K-002 500 PCS K-003 200 PCS
⑧ PACKING	EACH 50 PCS. TO BE PACKED INTO AN EXPORTABLE CARTON BOX. EXPORT STANDARD PACKING
⑨ QUANTITY	1,700 PCS ONLY
⑩ PRICE	CIF NEW YORK IN U.S. DOLLARS. K-001 @US$10.50/PCS K-002 @US$15.40/PCS K-003 @US$18.20/PCS
⑪ AMOUNT	TOTAL : US$21,840.00
⑫ INSURANCE	INSURANCE POLICY/CERTIFICATE BLANK ENDORSED FOR 110% OF C.I.F VALUE WITH CLAIMS PAYABLE IN USA IN THE CURRENCY OF THE DRAFT INSURANCE TO INCLUDE I.C.C.(A) WITH INSTITUTE WAR CLAUSES, S.R.C.C CLAUSES.
⑬ PAYMENT	BY L/C AT SIGHT IN YOUR FAVOUR BY FULL CABLE. ADVISING THROUGH SEOUL BANK, SEOUL, KOREA FROM NEW YORK BANK, NEW YORK.
⑭ SHIPMENT	SHIPMENT SHOULD BE EFFECTED DIRECTLY FROM BUSAN, KOREA TO NEW YORK WITHIN JUNE 20, 2020
⑮ MARKS & NO	TO BE MARKED ON BOTH SIDES OF EACH CARTON BOX AS FOLLOWS : HAPPY CORP NEW YORK C/NO. 1-1/UP ITEM NO :

SALES AGREEMENT

This agreement is made and entered into on the ____ day of ________, 202_ by and between the Buyer ABC Inc., having its office at __________________________ (hereinafter referred to as "Buyer") and the Seller XYZ Corp., having its office at __________________________ (hereinafter referred to as "Seller")

본 합의서는 202 년 월 일에 바이어 ABC사와 셀러 XYZ사 간에 작성되고 효력이 발생한다.

WITNESSETH

WHEREAS, the Buyer desires to purchase Products as defined hereinafter (hereinafter called "Products") to sell or distribute them in the Territory as defined hereinafter; and

WHEREAS, the Seller is willing to sell the Products to the Buyer on the terms and conditions set forth below.

NOW, THEREFORE, in consideration of the mutual covenants contained herein, the Parties hereto agree as follows:

바이어는 아래 규정한 조건대로 제품을 구입해서 본 합의서에 명시된 지역에서 판매하기를 원하고, 셀러는 제품을 바이어에게 판매하기를 희망하므로 상호 간의 약정을 감안하여 다음과 같이 합의한다.

1. DEFINITIONS

Whenever the following terms appear in this Agreement, they shall have the respective meaning specified below unless the context otherwise requires:

- "Products" shall mean ______________ specified in Appendix A.
- "Territory" shall mean ______________. Without prior written consent of the Seller, the Buyer shall not sell the Products to any other areas than Territory.

정의

본 합의서에 다음과 같은 용어가 등장하면 달리 요구되지 않는 한 각각 아래에 명시된 것과 같은 뜻을 갖는다.

- "제품"은 부속서 A에 명시된 ________을 뜻한다.
- "지역"은 _________을 뜻한다. 셀러의 사전서면승인이 없이는 바이어는 해당 지역 외의 다른 지역에서는 제품을 팔 수 없다.

2. ORDERS

The Buyer shall place order for the Products with the Seller either by email or fax. The Buyer shall clearly and precisely describe the name of the Products, quantity required, specifications, delivery date and shipping instructions, payment method, instructions for packing, invoicing and shipping etc. and other necessary terms for the delivery of the Products.

Within 5(five) working days after receiving order, the Seller shall issue the proforma invoice to confirm the Buyer's order.

The order shall not be binding unless and until they are accepted by the Seller.

주문

바이어는 이메일이나 팩스로 주문해야 한다. 바이어는 제품명, 수량, 규격, 인도일자, 선적지시사항, 결제방식, 포장방법, 대금청구, 선적방식 및 기타 제품을 인도하는 데 필요한 조건들을 명백하고도 구체적으로 명시해야 한다.

셀러는 바이어의 주문을 확인하기 위해서 주문을 접수한 날로부터 근무일 기준 5일 이내에 proforma invoice를 발행해야 한다.

셀러가 수락하기 전에는 주문은 구속력이 없다.

3. PAYMENT

Payment shall be made by an irrevocable L/C payable at sight. The Buyer shall apply for L/C within one week after receipt of proforma invoice issued by the Seller.

대금결제

대금결제는 취소할 수 없으며 선적서류와 환어음이 제출되면 즉시 지급되는 신용장에 의해서 이루어진다. 바이어는 셀러가 발행한 proforma invoice를 접수한 날로부터 1주일 이내에 신용장 개설을 신청해야 한다.

4. INSURANCE

In case of CIF or CIP basis, 110% of the invoice amount will be insured unless otherwise agreed.

보험

달리 합의되지 않으면, CIF나 CIP 조건에서는 인보이스 금액의 110%에 대해서 보험에 가입해야 한다.

5. PACKING

Packing shall be at the Seller's option. In case special instructions are necessary, the same should be intimated to the Seller in time so as to enable the Seller to comply with it.

포장

포장은 셀러가 선택한 방식대로 이루어진다. 만약 특별한 지시가 필요한 경우, 셀러가 해당 지시에 따를 수 있도록 시간에 맞춰 셀러에게 알려주어야 한다.

6. INSPECTION

With respect to the inspection of the Products at the point of delivery, inspection conducted by the Seller before shipment shall be final in all respects such as quantity, quality, etc.

Should the Buyer wishes to have the Products inspected by any specific inspector designated by the Buyer, all additional charges thereby incurred shall be borne by the Buyer.

검사

인도 시 제품검사는 선적 전에 셀러가 하는 검사가 수량이나 품질을 비롯한 모든 면에서 최종적이다.

만일 바이어가 자신이 지정한 특정 검사원이 제품을 검사하기를 원한다면 그로 인해 발생하는 모든 비용은 바이어가 부담해야 한다.

7. DELIVERY AND SHIPMENT

The Seller shall deliver the Products on board the vessel at the port of shipment on scheduled date and the Buyer shall bear all risks of or damages to the Products from the time they have been on board the vessel at the port of shipment.

The date of Bill of Lading shall be accepted as a conclusive date of shipment.

Partial shipment and transshipment shall be permitted unless otherwise agreed between the Parties.

Right after the shipment, the Seller shall notify the following information in writing to the Buyer.

- Vessel Name
- Estimated Time of Departure
- Estimated Time of Arrival

인도 및 선적

셀러는 예정된 날짜에 선적항에서 선박에 적재하여 바이어에게 제품을 인도해야 하며, 바이어는 선적항에서 제품이 선적된 후부터 제품에 발생하는 위험과 손상에 대한 책임을 져야 한다.

선하증권의 발행일에 선적된 것으로 간주한다.

당사자 간에 달리 합의하지 않는 한 분할선적과 환적은 허용된다.

셀러는 선적 즉시 다음과 같은 정보를 바이어에게 서면으로 통지해야 한다.

• 선박명

• 예상출항일자

• 예상도착일자

8. PATENTS, TRADE MARKS, DESIGNS ETC.

The Seller shall not be responsible for any infringement with regard to patent rights, utility model rights, trademarks, commercial designs or copyrights originated or chosen by the Buyer.

특허권, 상표권, 디자인권 등

셀러는 바이어로부터 유래됐거나 바이어가 선택한 특허권, 실용신안권, 상표권, 상업디자인권, 저작권 등과 관련한 타인의 권리침해에 대해서 책임을 지지 않는다.

9. WARRANTY

The Seller warrants that the Products will be free from defects in material and workmanship for ______(   ) months from the date of shipment.

The extent of the Seller's liability under this warranty shall be limited to the repair or replacement as herein provided of any defective products. Provided, however, this warranty does not extend to any of the said products which have been:

• misused, neglected, or abused
• improperly repaired, altered or modified in any way, or
• used in violation of instructions furnished by the Seller

In no event, the Seller shall be liable to the Buyer for any lost profit or for indirect, incidental or consequential damages for any reason.

보증

셀러는 제품의 원료나 기술과 관련한 하자에 대해서 선적일로부터 ____개월간 보증한다.

본 보증조항에 의한 셀러의 책임은 하자제품에 대해서 규정된 수리나 교체에 국한된다. 본 보증은 다음과 같은 경우에는 해당되지 않는다.

• 오용, 태만 혹은 남용
• 부적절한 수리, 변경, 수정
• 셀러의 지시대로 사용하지 않음

셀러는 어떤 경우에도 상실된 이익, 간접적, 부수적, 결과적 손해에 대해서는 책임지지 않는다.

10. CLAIMS

Any claims from the Buyer much reach the Seller within thirty(30) days after the arrival of the goods at the port of destination. The goods on which the Buyer is lodging a claim must be retained intact for inspection by authorized surveyors and must not be repaired or resold until such inspection had been completed.

클레임

바이어로부터의 여하한 클레임도 물건이 목적항에 도착한 날로부터 30일 이내에 셀러에게 도착해야 한다. 바이어가 클레임을 제기하는 물건은 권한을 부여받은 검사관이 검사할 수 있도록 손대지 말고 놓아두어야 하며, 그러한 검사가 끝날 때까지 수리하거나 재판매되어서는 안 된다.

11. FORCE MAJEURE

Neither party shall be liable for non-performance (either in whole or in part) or delay in performance of the terms and conditions of this Agreement due to war, terror, riot, labor disturbances, epidemics, fire, typhoon, flood, earthquakes or any other cause beyond the control of the Parties hereto. In case of such event, the terms of this agreement relating to time and performance shall be suspended during the continuance of the event.

The affected party shall notify the other party of such event within _____( ) days after the commencement of such event and use its best efforts to avoid or remove such causes.

However, if the performance of this Agreement is suspended for a period of ____( ) days, either party may terminate this Agreement by at least ____ ( ) days notice in writing to that effect.

불가항력

양쪽 모두 전쟁, 테러, 반란, 노동쟁의, 화재, 태풍, 지진이나 당사자가 제어할 수 있는 범위를 넘어서는 사유로 인한 본 합의서 조건의 불이행(전체 또는 부분적인) 또는 이행지연에 대해서 책임을 지지 않는다. 그런 상황에서는 시기와 이행과 관련한 본 합의서의 조건은 해당 상황이 지속되는 동안 중단된다.

피해자는 불가항력적인 상황이 발생한 날로부터 ______일 내에 상대방에게 통지해야 하며, 그러한 상황에서 피하거나 벗어나기 위해서 최선의 노력을 기울여야 한다.

만약 본 합의서의 이행이 _____일 이상의 기간 동안 중단되면, 양 당사자 중 일방이 최소한 _____ 일 전에 서면통지를 하고 본 계약을 해지할 수 있다.

12. CONFIDENTIALITY

Any data and/or information related to the Products and/or

information regarding technologies, know-how, trade secrets, marketing activities and the like, which are of confidential nature shall be kept strictly confidential.

비밀유지

기밀에 속하는 제품과 관련된 데이터나 정보 또는 기술정보, 노하우, 거래비밀, 마케팅활동 등은 엄격하게 비밀이 유지되어야 한다.

13. NOTICES

Unless otherwise agreed in writing by the Parties, all notices, demands and other communications required or permitted to be given in this Agreement shall be written in English and shall be valid and sufficient if delivered in person or sent by airmail, by e-mail, or by fax, addressed as follows:

Buyer:

Seller:

통지

당사자 간에 서면으로 달리 합의하지 않는 한, 본 합의서에서 요구하거나 허용한 모든 통지, 요구 및 기타 연락은 영어로 작성해야 하며, 직접 전달하거나 아래와 같이 주소가 명시된 항공우편, 이메일, 팩스로 보내면 유효하고 충분하다.

14. WAIVER

The failure of either party to require performance by the other party of any provision of this Agreement shall in no way be construed to be a waver by such party of such provisions nor to affect the validity of this Agreement.

바이어:

셀러:

포기

일방이 본 합의서의 어느 조항에 대해서 상대방에게 이행할 것을 요구하지 않았더라도 해당 조항에 대한 권리를 포기한 것으로 간주하지 않으며 본 합의서의 효력에도 영향을 미치지 않는다.

15. ASSIGNMENT

The Buyer shall not assign this Agreement to any other person or other party without the Seller's prior written consent. In the event of assignment with the written consent of the Seller, the Buyer shall not be relieved from its obligations under this Agreement and shall be held responsible for its performance.

양도

바이어는 셀러의 사전 서면동의 없이는 본 합의서를 타인에게 양도할 수 없다. 셀러의 서면동의하에 양도하는 경우에도 바이어는 본 합의서에 의한 의무로부터 벗어날 수 없으며 합의서 이행에 대해서 책임을 져야 한다.

16. SEVERABILITY

If any provision of this Agreement is declared invalid, illegal or unenforceable, then such invalidity, illegality or unenforceability shall not affect the validity of this Agreement, and all other sections shall remain in full force and effect, unless the section(s) which is/are invalid or unenforceable shall substantially affect the rights or obligations granted to or undertaken by either party.

분리가능

본 합의서의 어떤 조항이 무효, 불법, 시행불가능한 것으로 선언되더라도 그러한 무효, 불법, 시행불가능은 본 합의서의 효력에 영향을 미치지 않으며, 무효가 되거나 불법이거나 시행불가능해진 조항이 어느 한쪽에게 허용되거나 맡겨진 권리나 의무에 상당한 영향을 미치지 않으면 모든 다른 조항에 대한 효력은 완전히 유지된다.

17. ENTIRE AGREEMENT

This Agreement constitutes the complete understanding of the Parties, and supercedes any prior negotiations, agreements or commitments relating thereto.

완전합의

본 합의서는 당사자 간의 완전한 이해로 간주하며, 이전의 모든 협상, 합의, 약속을 대체한다.

18. MODIFICATIONS

No terms and conditions of this Agreement shall be changed, altered or modified unless agreed upon in writing by the Parties hereto.

수정

당사자 간에 서면으로 합의되지 않는 한, 본 계약서의 어떤 조건도 바뀌거나 변경되거나 수정될 수 없다.

19. ARBITRATION

All disputes, controversies and differences which may arise between the Parties hereto, out of or in relations to or in connection with this Agreement, or the breach thereof, shall be finally settled by Arbitration in Seoul, Korea in accordance with the commercial arbitration rules of the Korean Commercial Arbitration Board and under the laws of Korea. The awards rendered by the arbitration court shall be final and binding upon both parties.

상사중재

본 계약과 관련하여 발생하는 당사자 간의 모든 분쟁, 논란, 이견 또는 계약위반은 대한민국 서울의 상사중재원에서 대한민국 법과 대한상사중재원의 상사중재규정에 따라 최종적으로 해결된다. 동 상사중재법원에서 내린 판정은 최종적이며 양 당사자를 구속한다.

20. TRADE TERMS

All trade terms used in this contract shall be interpreted in accordance with the latest Incoterms of the International Chamber of Commerce.

거래조건

본 합의서에서 사용된 모든 거래조건은 국제상업회의소에서 제정한 가장 최신판 인코텀즈에 따라 해석한다.

21. GOVERNING LAW

This Agreement shall be governed and construed in accordance with the Vienna Convention(1980) of the United Nations.

준거법

본 합의서는 유엔에서 제정한 비엔나협약의 적용을 받는다.

IN WITNESS WHEREOF, the parties have caused this Agreement to be executed on the date first written, and each party retains one signed original.

이상 기술된 내용의 증거로서 양 당사자는 처음에 기재한 날짜에 본 합의서를 작성하고 서명하며, 서명한 원본 한 통씩을 간직하기로 한다.

Buyer ABC Inc.	Seller XYZ Corp.
______________________	______________________
Name, Title	Name, Title

[신용장(Letter of Credit)]

40A	Form of Documentary Credit	: IRREVOCABLE
20	Documentary Credit Number	: L12345678
31C	Date of Issue	: 20/05/20
40E	Applicable Rules	: UCP LATEST VERSION
31D	Date and Place of Expiry	: 20/06/30 SEOUL
50	Applicant	: HAPPY CORPORATION. 111, HAPPY ROAD, NEW YORK, USA
59	Beneficiary	: SMILE CORPORATION 123, SAMSUNG-DONG, KANGNAM-KU, SEOUL, KOREA.
32B	Currency Code, Amount	: USD21,840.00
41D	Available with......By......	: ANY BANK BY NEGOTIATION
42C	Drafts at	: SIGHT
42A	Drawee	: NEW YORK BANK 2007, WALL STREET, NEW YORK, USA
43P	Partial Shipment	: ALLOWED
43T	Transshipment	: NOT ALLOWED
44A	Port of Loading/Airport of Departure	: BUSAN, KOREA
44B	Port of Discharge/Airport of Destination	: NEW YORK, USA
44C	Latest Date of Shipment	: 20/06/20
45A	Description of Goods and/or Services	

1,700 PCS OF SPORTS ACCESSORIES
DETAILS ARE AS PER THE PROFORMA INVOICE
NO SPI-0505 ISSUED BY BENEFICIARY

46A Documents Required

+ SIGNED COMMERCIAL INVOICE IN QUINTUPLICATE
+ PACKING LIST IN TRIPLICATE
+ FULL SET OF CLEAN ON BOARD OCEAN BILL OF LADING MADE OUT TO THE ORDER OF NEW YORK BANK MARKED FREIGHT PREPAID AND NOTIFY APPLICANT
+ MARINE INSURANCE POLICY OR CERTIFICATE IN DUPLICATE, ENDORSED IN BLANK FOR 110% OF THE INVOICE VALUE. INSURANCE MUST INCLUDE : INSTITUTE CARGO CLAUSES : I.C.C.(A)
+ CERTIFICATE OF ORIGIN

47A Additional Conditions

ALL DOCUMENTS MUST BEAR OUR CREDIT NUMBER.

71B	Charges	: ALL BANKING COMMISSIONS AND CHARGES OUTSIDE USA ARE FOR ACCOUNT OF BENEFICIARY
49	Confirmation Instructions	: WITHOUT
48	Period for Presentation	: DOCUMENTS MUST BE PRESENTED WITHIN 14 DAYS AFTER THE DATE OF SHIPMENT BUT WITHIN THE VALIDITY OF CREDIT

78 Instructions to the Paying/Accepting/Negotiating Bank

DOCUMENTS TO BE FORWARDED TO US IN ONE LOT BY COURIER

[신용장 전문해석]

① **40A** form of documentary credit: IRREVOCABLE

화환신용장의 형식: 취소불능임

② **20** documentary credit number: L12345678

화환신용장번호: L12345678

③ **31C** date of issue: 20/05/20

신용장개설일자: 2020년 5월 20일

④ **40E** Applicable Rules: UCP LATEST VERSION

적용규정: UCP 최신판

⑤ **31D** date and place of expiry: 20/06/30 SEOUL

신용장의 유효기일 및 장소: 2020년 6월 30일, 서울

⑥ **50** applicant: HAPPY CORPORATION

개설신청인: HAPPY CORPORATION

⑦ **59** beneficiary: SMILE CORPORATION

수익자: SMILE CORPORATION

⑧ **32B** currency code and amount: USD21,840.00

신용장금액 및 통화단위: 미화 21,840달러

⑨ **41D** available with by name, address: ANY BANK BY NEGOTIATION

대금지급방식: 아무은행에서나 매입할 수 있음

⑩ **42C** drafts at: SIGHT

환어음의 결제기일: 일람불

⑪ **42A** drawee: NEW YORK BANK

환어음의 지급인: 뉴욕은행

⑫ **43P** partial shipment: ALLOWED

분할선적: 허용함

⑬ **43T** transshipment: NOT ALLOWED

환적: 허용하지 않음

⑭ **44A** on board/dispatch/taking charge: BUSAN, KOREA

선적지: 부산

⑮ **44B** for transportation to: NEW YORK, USA

도착지: 뉴욕

⑯ **44C** latest date of shipment: 20/06/20

최종선적기일: 2020년 6월 20일

⑰ **45A** description of goods and/or services: 1,700PCS OF SPORTSACCESSORIES. DETAILS ARE AS PER THE PROFORMA INVOICE NO SPI-0505 ISSUED BY BENEFICIARY

상품 및 서비스의 명세: 스포츠액세서리 1,700개. 자세한 내역은 수익자가 발행한 견적송장 SPI-0505에 따름

⑱ **46A** documents required:

+ SIGNED COMMERCIAL INVOICE IN QUINTUPLICATE

+ PACKING LIST IN TRIPLICATE

+ FULL SET OF CLEAN ON BOARD OCEAN BILL OF LADING

MADE OUT TO THE ORDER OF NEW YORK BANK MARKED FREIGHT PREPAID AND NOTIFY APPLICANT

+ MARINE INSURANCE POLICY OR CERTIFICATE IN DUPLICATE, ENDORSED IN BLANK FOR 110% OF THE INVOICE VALUE. INSURANCE MUST INCLUDE: INSTITUTE CARGO CLAUSES: I.C.C.(A)

+ CERTIFICATE OF ORIGIN

요구서류:

+ 서명된 상업송장 5부

+ 포장명세서 3부

+ 운임선지급이라고 표시되고, 개설신청인을 통지인으로 하며, 뉴욕은행의 지시식으로 작성된 무고장 본선적재 해양선하증권 전통

+ 상업송장 금액의 110%가 부보된 백지이서방식의 보험증권 또는 보험증명서 2통
  보험은 협회적하약관 ICC(A)를 포함해야 함

+ 원산지증명서

⑲ **47A** additional conditions: ALL DOCUMENTS MUST BEAR OUR CREDIT NUMBER

추가조건: 모든 선적서류에는 신용장번호가 표시되어야 함

⑳ **71B** charges: ALL BAKING COMMISSIONS AND CHARGES OUTSIDE USA ARE FOR ACCOUNT OF BENEFICIARY

수수료: 미국 밖에서 발생하는 모든 수수료는 수익자가 부담함

㉑ **49** confirmation instruction: WITHOUT

확인지시: 확인하지 않음

㉒ **48** period for presentation: DOCUMENTS MUST BE PRESENTED WITHIN 14DAYS AFTER THE DATE OF SHIPMENT BUT WITHIN THE VALIDITY OF CREDIT

서류제출시한: 선적서류는 신용장의 유효기일 내에서 선적일로부터 14일 이내에 제출해야 함

㉓ **78** instructions to the pay/acc/nego bk: DOCUMENTS TO BE FORWARDED TO US IN ONE LOT BY COURIER

지급/인수/매입은행에 대한 지시: 선적서류는 하나의 봉투에 넣어서 국제특송편으로 개설은행에 보내야 함

상업송장(COMMERCIAL INVOICE)

① **Seller/Exporter** SMILE CORPORATION 123, SAMSUNG-DONG, KANGNAM-KU, SEOUL, KOREA	⑧ **No. and date of invoice** SCI-0609 JUNE 9, 2020 ⑨ **No. and date of L/C** L12345678 MAY 20, 2020
② **Buyer/Applicant** HAPPY CORPORATION 111, HAPPY ROAD NEW YORK, USA	⑩ **L/C issuing bank** NEW YORK BANK 2007, WALL STREET, NEW YORK, USA
③ **Notify party** SAME AS ABOVE ④ **Port of Loading** BUSAN, KOREA / ⑤ **Final Destination** NEW YORK, USA ⑥ **Carrier** OCEAN GLORY / ⑦ **Sailing on or about** June 10, 2020	⑪ **Remarks :** COUNTRY OF ORIGIN REPUBLIC OF KOREA

⑫ **Marks and numbers of pkgs**	⑬ **Description of goods**	⑭ **Quantity/Unit**	⑮ **Unit-price**	⑯ **Amount**
HAPPY CORP	SPORTS ACCESSORIES		CIF NEW YORK	
NEW YORK	K-001	1,000 PCS	US$10.50	US$10,500.00
C/NO. 1-34	K-002	500 PCS	US$15.40	US$7,700.00
ITEM NO :	K-003	200 PCS	US$18.20	US$3,640.00
	TOTAL	1,700 PCS		US$21,840.00

Signed by
⑰

[상업송장 작성요령]

① **Seller/Exporter:** 수출자의 상호 및 주소를 기재한다.

② **Buyer/Applicant:** 수입자의 상호 및 주소를 기재한다.

③ **Notify:** 물품이 수입국에 도착했을 때 선박회사로부터 연락을 받을 통지처를 일컬으며 주로 수입자의 상호 및 주소를 기재한다.

④ **Port of Loading:** 선적항을 기재한다.

⑤ **Final Destination:** 최종목적지를 기재한다.

⑥ **Carrier:** 선박명을 기재한다.

⑦ **Sailing on or about:** 예상출항일을 기재한다.

⑧ **No and date of invoice:** Invoice No와 Date를 기재한다. Invoice

No는 임의로 기재하고 Date는 Invoice를 발행하는 일자를 표기한다.

⑨ **No and date of L/C:** L/C 번호 및 개설일자를 기재한다.

⑩ **L/C issuing bank:** L/C 개설은행명을 기재한다.

⑪ **Remarks:** 비고란으로서 원산지 등을 기재한다.

⑫ **Marks and number of pkgs:** shipping mark를 표시한다.

⑬ **Description of goods:** 물품명세를 기재한다.

⑭ **Quantity/Unit:** 물품의 수량 및 단위를 기재한다.

⑮ **Unit Price:** 물품의 단가를 기재한다.

⑯ **Amount:** 물품의 수량에 단가를 곱한 총금액을 기재한다.

포장명세서(PACKING LIST)

① **Seller/Exporter** SMILE CORPORATION 123, SAMSUNG-DONG, KANGNAM-KU, SEOUL, KOREA	⑧ **No. and date of invoice** SCI-0609 JUNE 9, 2020
② **Buyer/Applicant** HAPPY CORPORATION 111, HAPPY ROAD NEW YORK, USA	⑨ **Remarks :** COUNTRY OF ORIGIN REPUBLIC OF KOREA
③ **Notify party** SAME AS ABOVE	
④ **Port of Loading** BUSAN, KOREA ⑤ **Final Destination** NEW YORK, USA	
⑥ **Carrier** OCEAN GLORY ⑦ **Sailing on or about** June 10, 2020	

⑩ **Marks and numbers of pkgs**	⑪ **Description of goods**	⑫ **Quantity**	⑬ **Net Weight**	⑭ **Gross Weight**	⑮ **Measurement**
HAPPY CORP NEW YORK C/NO. 1-34 ITEM NO :	SPORTS ACCESSORIES C/NO 1-20 K-001 C/NO 21-30 K-002 C/NO 31-34 K-003	1,700 PCS	2,945 KGS	3,208 KGS	24.532CBM

Signed by
⑯

[포장명세서 작성요령]

① **Seller/Exporter:** 수출자의 상호 및 주소를 기재한다.

② **Buyer/Applicant:** 수입자의 상호 및 주소를 기재한다.

③ **Notify:** 물품이 수입국에 도착했을 때 선박회사로부터 연락을 받을 통지처를 일컬으며 주로 수입자의 상호 및 주소를 기재한다.

④ **Port of Loading:** 선적항을 기재한다.

⑤ **Final Destination:** 최종목적지를 기재한다.

⑥ **Carrier:** 선박명을 기재한다.

⑦ **Sailing on or about:** 예상출항일을 기재한다.

⑧ **No and date of invoice:** Invoice No와 Date를 기재한다. Invoice No는 임의로 기재하고 Date는 Invoice를 발행하는 일자를 표기한다.

⑨ **Remarks:** 비고란으로서 원산지 등을 기재한다.

⑩ **Marks and number of pkgs:** shipping mark를 표시한다.

⑪ **Description of goods:** 물품명세 및 포장박스별 물품내역을 기재한다.

⑫ **Quantity:** 수량을 기재한다.

⑬ **Net Weight:** 물품만의 순중량을 기재한다.

⑭ **Gross Weight:** 물품 및 포장재 무게를 합한 총중량을 기재한다.

⑮ **Measurement:** 물품의 부피를 기재한다.

선하증권(Bill of Lading)

① **Shipper/Exporter** SMILE CORPORATION 123, SAMSUNG-DONG, KANGNAM-KU SEOUL, KOREA		⑪ **B/L No. ;** HONEST12345678
② **Consignee** TO THE ORDER OF NEW YORK BANK		
③ **Notify Party** HAPPY CORPORATION 111, HAPPY ROAD NEW YORK, USA		
Pre-Carriage by	⑥ **Place of Receipt** Busan CY	
④ **Ocean Vessel** OCEAN GLORY	⑦ **Voyage No.** 123E	⑫ **Flag** KOREA

⑤ **Port of Loading**	⑧ **Port of Discharge**	⑨ **Place of Delivery**	⑩ **Final Destination**(For the Merchant Ref.)
BUSAN, KOREA	NEW YORK, USA	New York CY	

⑬ **Container No.**	⑭ **Seal No. Marks & No**	⑮ **No. & Kinds of Containers or Packages**	⑯ **Description of Goods**	⑰ **Gross Weight**	⑱ **Measurement**
TEXU0101	N/M	1 CNTR	SPORTS ACCESSORIES 1,700PCS "FREIGHT PREPAID"	3,208 KGS	24.532 CBM
Total No. of Containers or Packages(in words) SAY : ONE(1) CONTAINER ONLY					

⑲ **Freight and Charges**	⑳ **Revenue tons**	㉑ **Rate**	㉒ **Per**	㉓ **Prepaid**	㉔ **Collect**
AS ARRANGED					

㉕ **Freight prepaid at** BUSAN, KOREA	㉖ **Freight payable at**	㉘ **Place and Date of Issue** JUNE 12, 2020, SEOUL Signature
Total prepaid in	㉗ **No. of original B/L** THREE(3)	
㉙ **Laden on board vessel** Date Signature JUNE 12, 2020		㉚ HONEST Shipping Co. Ltd. as agent for a carrier, RICH Liner Ltd.

[선하증권 작성요령]

① **Shipper(송하인):** shipper의 상호와 주소를 기재한다.

② **Consignee(수하인):** 결제방식이 송금방식일 때는 수입자의 상호 및 주소를 기재하고, 신용장방식일 때는 신용장의 documents required항에 명시된 대로 'to order', 'to order of shipper', 'to order of 개설은행' 등과 같이 기재한다.

③ **Notify Party(통지인):** 수입자의 상호와 주소를 기재한다.

④ **Ocean Vessel:** 선박명을 기재한다.

⑤ **Port of Loading:** 선적항 및 국명을 기재한다.

⑥ **Place of Receipt:** 운송인이 송하인으로부터 화물을 수취하는 장소

⑦ **Voyage No:** 항차번호를 기재한다.

⑧ **Port of Discharge:** 양륙항 및 국명을 기재한다.

⑨ **Place of Delivery:** 운송인이 수하인에게 화물을 인도하는 장소를 기재한다.

⑩ **Final Destination:** 복합운송의 경우 최종목적지를 기재한다.

⑪ **B/L No.:** 선하증권번호를 기재한다.

⑫ **Flag:** 선박의 등록국적을 기재한다.

⑬ **Container No.:** Container No.를 기재한다.

⑭ **Seal No.:** 컨테이너에 봉인한 Seal No.를 기재한다.

⑮ **No. & Kinds of Containers or Packages:** 컨테이너 개수나 포장 개수를 기재한다.

⑯ **Description of Goods:** Commercial Invoice에 기재된 상품명을 기재한다.

⑰ **Gross Weight:** 총중량을 기재한다.

⑱ **Measurement:** 부피를 기재한다.

⑲ **Freight and Charges:** 운임 및 비용을 기재한다.

⑳ **Revenue Tons:** 중량과 용적 중에서 운임이 높게 계산되는 것을 택하여 기재한다.

㉑ **Rate:** Revenue Ton당의 운임단가 및 부대비용 등을 기재한다.

㉒ **Per:** 중량단위 또는 용적단위를 기재하고 Full Container는 Van 단위로 기재한다.

㉓㉔ **Prepaid Collect:** 거래조건에 따라 해당란에 운임을 기재한다. 예를 들어 CIF 조건일 경우에는 Prepaid난에 운임을 기재하고 FOB 조건일 경우에는 Collect난에 기재한다.

㉕ **Freight Prepaid At:** CIF와 같이 운임선불조건인 경우의 운임이 지불되는 장소를 기재한다.

㉖ **Freight Payable At:** FOB와 같이 운임이 수하인 부담인 경우에 운임이 지불되는 장소를 기재한다.

㉗ **No. of Original B/L:** Original B/L의 발행통수를 기재한다.

㉘ **Place and Date of Issue:** 선하증권 발행장소와 발행일자를 기재한다.

㉙ **On Board Date:** 선적일자를 기재한다.

㉚ **Carrier Name:** B/L 발행권자의 서명을 표시한다.

Honest Insurance Co., Ltd.

CERTIFICATE OF MARINE CARGO INSURANCE

Assured(s), etc ② SMILE CORPORATION	
Certificate No. ① 00259A87523	Ref. No.③ Invoice No. SCI-0609 L/C No. L12345678
Claim, if any, payable at : ⑥ HONEST MARINE SERVICE 222 Honest Road New York Tel (202) 309-59412 Claims are payable in	Amount insured ④ USD 24,024.00 (USD21,840.00 X 110%)
Survey should be approved by ⑦ THE SAME AS ABOVE	Conditions ⑤ * INSTITUTE CARGO CLAUSE(A) 1982 * CLAIMS ARE PAYABLE IN AMERICA IN THE CURRENCY OF THE DRAFT.

⑧ Local Vessel or Conveyance	⑨ From(interior port or place of loading)
Ship or Vessel called the ⑩ OCEAN GLORY	Sailing on or about ⑪ JUNE 10, 2020
at and from ⑫ BUSAN, KOREA	⑬ transshipped at
arrived at ⑭ NEW YORK, USA	⑮ thence to

Goods and Merchandise ⑯ 1,700 PCS OF SPORTS ACCESSORIES	Subject to the following Clauses as per back hereof institute Cargo Clauses Institute War Clauses(Cargo) Institute War Cancellation Clauses(Cargo) Institute Strikes Riots and Civil Commotions Clauses Institute Air Cargo Clauses(All Risks) Institute Classification Clauses Special Replacement Clause(applying to machinery) Institute Radioactive Contamination Exclusion Clauses Co-Insurance Clause Marks and Numbers as

Place and Date signed JUNE 9, 2020 No. of Certificates issued. ⑰ TWO

⑱ This Certificate represents and takes the place of the Policy and conveys all rights of the original policyholder (for the purpose of collecting any loss or claim) as fully as if the property was covered by a Open Policy direct to the holder of this Certificate.

This Company agrees losses, if any, shall be payable to the order of Assured on surrender of this Certificate.

Settlement under one copy shall render all others null and void.

Contrary to the wording of this form, this insurance is governed by the standard from of English Marine Insurance Policy.

In the event of loss or damage arising under this insurance, no claims will be admitted unless a survey has been held with the approval of this Company's office or Agents specified in this Certificate.

SEE IMPORTANT INSTRUCTIONS ON REVERSE

⑲ Honest Insurance Co., Ltd.

AUTHORIZED SIGNATORY

This Certificate is not valid unless the Declaration be signed by an authorized representative of the Assured.

1. Exporter(Name, address, country) SMILE CORPORATION 123, SAMSUNG-DONG, KANGNAM-KU SEOUL, KOREA	**ORIGINAL** **CERTIFICATE OF ORIGIN** issued by THE KOREA CHAMBER OF COMMERCE & INDUSTRY Seoul, Republic of Korea
2. Consignee(Name, address, country) TO THE ORDER OF NEW YORK BANK	**3. Country of Origin** REPUBLIC OF KOREA
4. Transport details FROM : BUSAN, KOREA TO : NEW YORK, USA BY : SAILING ON OR ABOUT APRIL 12, 2020	**5. Remarks** SCI-0409 APRIL 9, 2020

6. Marks & numbers ; number and kind of packages ; description of goods		**7. Quantity**
HAPPY CORP	SPORTS ACCESSORIES	
NEW YORK	K-001	
C/NO. 1-34	K-002	
ITEM NO :	K-003	1,700 PCS

8. Declaration by the Exporter (Signature) (Name)	**9. Certification** ________________ Authorized Signatory
	Certificate No.

THE KOREA CHAMBER OF COMMERCE & INDUSTRY

부록

개정 인코텀즈 2020 핵심 해설서

인코텀즈 개요

인코텀즈의 주요 내용

인코텀즈 실무

인코텀즈 개요

1. 인코텀즈 개요

INCOTERMS는 International Commercial Terms의 약자로서 국제상업회의소(ICC; International Chamber of Commerce)에서 제정한 정형거래조건에 관한 국제규칙(ICC rule for the use of domestic and international trade terms)을 일컫는다.

INCOTERMS는 매매계약에 의한 물품의 인도와 관련하여 매도인과 매수인의 의무를 규정한 것으로서 거래당사자 간에 비용과 위험이 어떻게 분담되고 이전되는지에 대한 유권해석이라고 할 수 있다.

INCOTERMS는 가격을 결정하고 보험을 누가 들지를 판단하는 기준이 될 뿐 아니라 거래당사자 간에 합의하는 제반 계약조건을 보완하고 분쟁발생 시 법률관계를 해석하는 기준이 되므로 무역실무 전 과정 중에서 가장 중요한 내용 중에 하나라고 할 수 있다.

현재 사용하고 있는 INCOTERMS는 2019년에 개정되고 2020년 1월 1일부터 적용하기로 하여 INCOTERMS 2020이라고 부르며, 11가지 정형거래조건에 대해서 매도인과 매수인의 의무 각각 10가지씩을 규정하고 있다.

INCOTERMS 2020에서 규정한 11가지 정형거래조건은 운송방식과 상관없이 사용할 수 있는 7가지 조건과 해상 및 내수로운송방식에만 사용할 수 있는 4가지 조건으로 이루어지며, 그 내역은 다음과 같다.

운송방식에 상관없이 사용할 수 있는 조건	EXW	Ex Works
	FCA	Free Carrier
	CPT	Carriage Paid To
	CIP	Carriage and Insurance Paid To
	DAP	Delivered At Place
	DPU	Delivered At Place Unloaded
	DDP	Delivered Duty Paid
해상 및 내수로 운송방식에만 사용할 수 있는 조건	FAS	Free Alongside Ship
	FOB	Free On Board
	CFR	Cost and Freight
	CIF	Cost Insurance and Freight

INCOTERMS 2020에서 규정한 매도인과 매수인의 의무 10가지의 내역은 다음과 같다.

매도인의 의무	매수인의 의무
1. 일반의무	1. 일반의무
2. 물품의 인도	2. 물품의 인수
3. 위험의 이전	3. 위험의 이전
4. 운송	4. 운송

5. 보험	5. 보험
6. 인도/운송서류	6. 인도/운송서류
7. 수출/수입통관	7. 수출/수입통관
8. 점검/포장/하인표시	8. 점검/포장/하인표시
9. 비용의 분담	9. 비용의 분담
10. 통지	10. 통지

상기한 10가지의 의무사항 중 위험의 이전과 비용의 분담이 가격을 결정하고 보험을 누가 들지를 판단하는 데 중요한 기준이 된다.

위험의 이전(transfer of risks)이란 물품이 운송되는 도중에 사고가 발생했을 때 누가 책임을 지느냐를 규정하는 것으로, 위험이 매도인으로부터 매수인으로 이전되기 전까지 발생하는 사고에 대해서는 매도인이 책임을 지고, 위험이 이전된 후에 발생한 사고에 대해서는 매수인이 책임을 지게 된다.

여기서 책임을 진다는 것은 사고로 인해서 발생한 손해를 부담한다는 뜻으로, 매도인은 물품을 정상적으로 출고했음에도 불구하고 물품대금을 받을 수 없고, 매수인은 정상적으로 물품을 받지 못했음에도 불구하고 물품대금을 지급해야 함을 뜻한다. 따라서 매도인과 매수인은 사고로 인해 발생할지도 모르는 손해에 대비하기 위해서 보험에 가입하여야 한다.

비용의 분담(allocation of costs)이란 물품이 매도인을 출발해서 매수인이 지정한 장소에 도착할 때까지 발생하는 운송비, 보험료, 통관비 등의 부대비용을 매도인과 매수인 간에 어떻게 분담할지를 규정하는 것으로서 매수인은 매도인이 부담할 부대비용을 물품대금에 더해서 매도인에게 지급해야 한다.

이때 주목할 것은 INCOTERMS에서 규정한 11가지 조건별로 매도인과 매수인이 부담해야 할 부대비용이 달라지지만 어떤 경우든 모든 부대비용은 결국 매수인이 부담한다는 것이다. 즉 INCOTERMS의 규정에 따라 매도인에게 할당된 부대비용은 매도인으로 하여금 운송업체, 보험회사, 관세사 및 세관 등에 지급하도록 하고, 매수인에게 할당된 부대비용은 매수인이 직접 해당업체에 지급하는 것만 다를 뿐 결과적으로 모든 부대비용은 매수인이 부담하는 것이다.

INCOTERMS에서 규정한 11가지 정형거래조건의 비용의 분담지점과 위험의 이전시점을 표시하면 다음 그림과 같다.

1) 비용의 분담

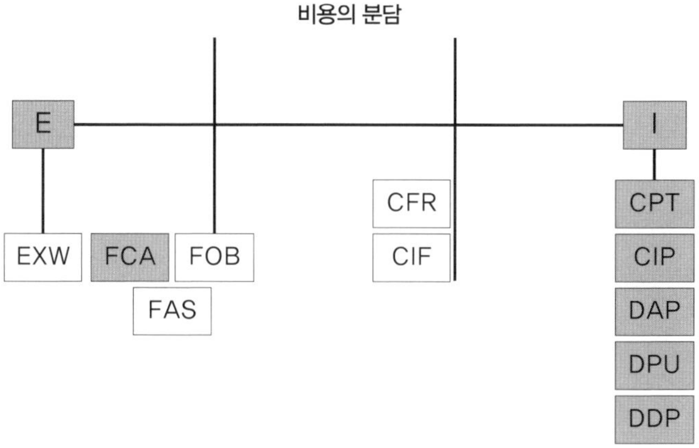

주 : 짙은 색으로 표시한 조건의 위치는 유동적임

위의 그림에서 왼쪽의 E는 매도인(수출자 : Exporter)을 뜻하고 오른쪽의 I는 매수인(수입자 : Importer)을 뜻하며, 왼쪽의 세로막대는 선적항, 오른쪽의 세로막대는 도착항을 뜻한다. 그림에서 정형거래조건명이 표시된 위치가 비용이 분담되는 지점을 뜻한다. 즉 물품이 공장이나 창고를 출발해서 해당 지점에

이르기까지의 비용은 매도인이 부담하고 해당 지점 이후에 발생하는 비용은 매수인이 부담한다는 뜻이다. 따라서 매수인은 해당 지점에 이르기까지의 부대비용을 물품대금에 더해서 매도인에게 지급해야 한다.

매도인과 매수인은 각각 비용이 분담되는 지점을 감안하여 원가계산을 해야 한다. 즉 매도인의 입장에서는 해당지점까지의 부대비용을 물품가격에 더해서 최종가격을 산출해야 하고, 매수인의 경우에는 매도인에게 지급하는 최종가격에다 해당지점 이후에 발생하는 부대비용을 더해서 수입 원가를 계산해야 한다.

2) 위험의 이전

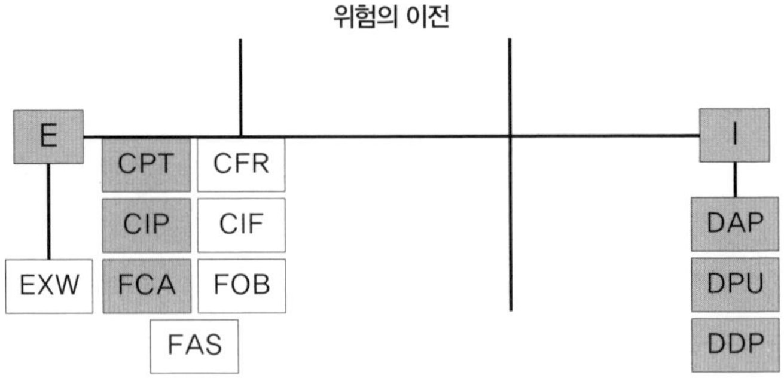

주 : 짙은 색으로 표시한 조건의 위치는 유동적임

위의 그림에 표시된 정형거래조건의 위치가 위험이 이전되는 시점을 뜻한다. 즉 해당시점까지의 위험은 매도인이 부담하고 해당시점 이후에 발생하는 위험에 대해서는 매수인이 부담한다는 뜻이다.

매도인과 매수인은 그림에 표시된 위험의 이전시점에 따라 보험가입 여부를 결정해야 한다. 즉 위험의 이전이 수출국에서 이루어지는 조건으로 거래할 때는 매수인이 보험에 가입해야 하고, 위험의 이전이 수입국에서 이루어지는 조건으로 거래할 때는 매도인이 보험에 가입해야 한다.

CIF와 CIP 조건의 경우에는 위험의 이전시점으로 보아서는 매수인이 보험에 들어야 하지만 INCOTERMS의 규정에 따라 매도인이 매수인 대신 보험에 들고 사고가 발생하면 매수인이 보상을 청구한다.

INCOTERMS에서는 CIF와 CIP를 제외한 나머지 9가지 조건에서는 매도인과 매수인 모두 보험계약의 의무가 없다고 명시하고 있다. 여기서 보험계약의 의무가 없다는 것은 서로 상대방에 대해서 보험에 가입할 의무가 없다는 뜻이다. 따라서 CIF와 CIP를 제외한 나머지 9가지 조건에서는 상대방에 대한 의무로서가 아니라 자기 자신을 위험으로부터 보호하기 위해서 보험에 가입해야 한다.

결론적으로 매도인이 보험에 들어야 하는 조건은 CIF와 CIP 외에 수입국에서 위험이 이전되는 DAP, DPU, DDP 등이 있으며, 수출국에서 위험이 이전되는 나머지 6가지 조건(EXW, FOB, FAS, FCA, CFR, CPT)에서는 수입자가 보험에 들어야 한다.

2. 인코텀즈 2020에서 바뀐 내용

인코텀즈는 1936년에 제정된 이래 무역관습의 변화에 따라 1953년, 1967년, 1976년 세 차례에 걸쳐 개정되었으며, 1980년에 4차 개정이 이루어진 이후로는 1990년, 2000년, 2010년, 2020년 등 매 10년 단위로 정기적으로 개정되고 있다.

직전 버전인 인코텀즈 2010과 비교했을 때 인코텀즈 2020에서 바뀐 내용은 다음과 같다.

1) 본선적재표기가 있는 선하증권과 FCA 조건

FCA 조건의 경우 물품이 선박에 적재되기 전에 물품의 인도가 이루어지므로 본선적재표기가 있는 선하증권(on board B/L)이 필요한 경우에는 매수인이 운송인에게 본선적재표시가 있는 선하증권을 발행하도록 지시하여야 한다.

2) 비용을 어디에 규정할 것인가?

인코텀즈 2010에서는 매도인과 매수인이 부담해야 할 다양한 비용을 여러 항목에 나누어 규정하였다. 예를 들어 인도서류의 취득과 관련된 비용의 경우, 인코텀즈 2010에서는 '비용의 분담(Allocation of Costs)' 항목이 아니라 '인도서류(Delivery Documents)' 항목에서 규정하였다. 인코텀즈 2020에서는 당사자가 자신이 부담해야 할 모든 비용을 한 곳에서 찾아볼 수 있도록 비용의 분담 항목에 모든 비용을 열거하였다.

3) CIF와 CIP 간 부보수준의 차별화

인코텀즈 2010에서는 CIF와 CIP 조건에서 매도인이 보험에 가입할 때 협회적하약관 중에 담보범위가 가장 적은 C약관으로 가입할 의무를 부과하였지만, 인코텀즈 2020에서는 CIF 조건은 C약관으로, CIP 조건은 담보범위가 가장 큰 A약관으로 가입하도록 분리하여 의무를 부과하였다. 다만 당사자들의 합의에 따라 상기한 규정과 상관없이 다른 약관으로 가입하는 것이

가능하도록 하였다.

4) FCA, DAP, DPU 및 DDP 조건에서 매도인 또는 매수인 자신의 운송수단에 의한 운송 허용

인코텀즈 2010은 제3자운송인(third-party carrier)이 물품을 운송하는 것을 가정하여 만들었지만 인코텀즈 2020에서는 FCA, DAP, DPU 및 DDP 조건에서 운송인을 제3자에게 아웃소싱하지 않고 자신의 차량을 이용할 수 있도록 하였다.

5) DAT를 DPU로 명칭 변경

인코텀즈 2010에서는 새로 도입한 DAT 조건의 경우 물품의 인도장소를 터미널로 국한하였지만 인코텀즈 2020에서는 터미널뿐만 아니라 모든 장소에서 인도할 수 있도록 DPU(Delivered at Place Unloaded)라고 명칭을 변경하여 지정된 장소에 도착한 운송수단에서 물품을 내려 인도하는 경우에 사용하도록 하였다.

6) 운송의무 및 비용 조항에 보안관련 요건 삽입

인코텀즈 2010에서 다소 소극적으로 표현했던 보안관련규정을 인코텀즈 2020에서는 운송, 수출입통관, 비용의 분담 항목에서 좀 더 명시적으로 규정하였다.

7) 사용자를 위한 설명문

인코텀즈 2010 버전에서 개별 조건의 첫머리에 있었던 '사용지침(Guidance

Note)'을 보강하여 '사용자를 위한 설명문(Explanatory Notes for Users)'으로 바꾸었다. 이러한 설명문은 각 조건이 어떤 경우에 사용되어야 하는지, 위험은 언제 이전하는지 그리고 매도인과 매수인 사이에 비용의 분담은 어떻게 이루어지는지와 같은 개별 인코텀즈 2020 규칙의 기초를 설명한다.

인코텀즈의 주요 내용

INCOTERMS 2020에서 규정한 11가지 정형거래조건의 주요 내용은 다음과 같다.

1. EXW : Ex Works(공장인도조건)

공장이나 창고와 같은 지정장소에서 물품을 인도하는 규칙이다. 그 지정장소는 매도인의 구내일수도 있고 아닐 수도 있다. 매도인은 차량에 물품을 적재할 필요가 없으며 수출통관을 할 필요도 없다.

본 규칙은 운송방식에 상관없이 사용할 수 있으며, 복수의 운송방식이 사용되는 경우에도 사용할 수 있다. 본 규칙에서 지정된 인도장소에서 위험이 이전되고 비용부담의 기준점이 되므로 당사자들은 지정인도장소 내에 정확한 지점을 명시하는 것이 바람직하다. EXW는 매도인의 의무가 최소인 규칙이다.

물품이 적재되기 전에 물품의 인도가 이루어지기 때문에 매수인이 적재작

업 중의 위험을 피하고자 하는 경우에는 FCA 규칙을 사용하는 것이 좋다. 또한 본 규칙에서는 수출통관의 의무가 매수인에게 있기 때문에 매수인이 수출통관을 하는 데 어려움이 있는 경우에는 FCA 규칙을 사용하는 것이 좋다.

비용의 분기점	공장이나 창고와 같은 지정된 장소에서 물품을 인도했을 때
위험의 분기점	공장이나 창고와 같은 지정된 장소에서 물품을 인도했을 때
운송계약	매수인
보험계약	매수인
수출통관	매수인
수입통관	매수인
표기방법	EXW + 지정된 인도장소

2. FOB : Free On Board(본선인도조건)

지정된 선적항에서 매수인이 지정한 선박에 물품을 적재하여 인도하거나 이미 그렇게 인도된 물품을 조달하는 규칙이다. 물품이 선박에 적재된 때 위험이 이전되고, 매수인은 그 순간 이후의 모든 비용을 부담한다.

본 규칙은 해상운송이나 내수로운송에만 사용되어야 한다. 따라서 FOB 규칙은 물품이 컨테이너터미널에서 인도되는 컨테이너운송방식에는 적합지 않으며 이런 경우에는 FCA 규칙을 사용하는 것이 좋다.

여기서 '조달한다(procure)'고 규정한 것은 특히 일차상품거래(commodity trades)에서 일반적인 수차에 걸쳐 연속적으로 이루어지는 연속매매(string sale)에 적용하기 위함이다.

FOB에서는 매도인이 수출통관을 해야 하지만 수입통관, 수입관세를 납부하거나 수입통관절차를 수행할 의무가 없다.

비용의 분기점	매수인이 지정한 선박에 물품을 적재하였을 때
위험의 분기점	매수인이 지정한 선박에 물품을 적재하였을 때
운송계약	매수인
보험계약	매수인
수출통관	매도인
수입통관	매수인
표기방법	FOB + 지정된 선적항

3. FAS : Free Alongside Ship(선측인도조건)

지정된 선적항에서 매수인이 지정한 선박의 선측에서 물품을 인도하거나 이미 그렇게 인도된 물품을 조달하는 규칙이다. 물품이 선측에 놓인 때 위험이 매수인에게 이전되고, 매수인은 그 순간 이후의 모든 비용을 부담한다.

본 규칙은 해상운송이나 내수로운송에만 사용되어야 한다. 따라서 FAS 규칙은 물품이 컨테이너터미널에서 인도되는 컨테이너운송방식에는 적합지 않으며 이런 경우에는 FCA 규칙을 사용하는 것이 좋다.

당사자들은 위험의 이전과 비용의 분담이 이루어지는 지점을 명확하게 하기 위해서 지정선적항에서 물품이 부두나 바지(barge)로부터 선박으로 이동하는 적재지점을 가급적 명확하게 명시하는 것이 좋다.

여기서 '조달한다(procure)'고 규정한 것은 특히 일차상품거래(commodity

trades)에서 일반적인 수차에 걸쳐 연속적으로 이루어지는 연속매매(string sale)에 적용하기 위함이다.

FAS에서는 매도인이 수출통관을 해야 하지만 수입통관, 수입관세를 납부하거나 수입통관절차를 수행할 의무가 없다.

비용의 분기점	매수인이 지정한 선박의 선측에서 물품을 인도하였을 때
위험의 분기점	매수인이 지정한 선박의 선측에서 물품을 인도하였을 때
운송계약	매수인
보험계약	매수인
수출통관	매도인
수입통관	매수인
표기방법	FAS + 지정된 선적항

4. FCA : Free Carrier(운송인인도조건)

수출국 내의 지정된 장소에서 매수인이 지정한 운송인에게 물품을 인도하는 규칙이다. 지정장소가 매도인의 영업구내인 경우에는 매수인이 제공한 운송수단에 적재하여 인도하고, 그 밖의 경우에는 매도인의 운송수단에 실린 채 양하준비된 상태로 매수인이 지정한 운송인에게 인도한다. 상기한 인도장소는 위험이 매수인에게 이전되는 곳이자 매수인의 비용부담이 시작되는 시점이 된다.

본 규칙은 운송방식에 상관없이 사용할 수 있으며, 복수의 운송방식이 사용되는 경우에도 사용할 수 있다. 본 규칙에서 지정된 인도장소에서 위험이 이전되고 비용부담의 기준점이 되므로 당사자들은 지정인도장소 내에 정확한 지점을 명시하는 것이 바람직하다.

본 규칙에서 매도인은 물품의 수출통관을 해야 하지만 수입통관, 수입관세를 납부하거나 수입통관절차를 수행할 의무가 없다.

FCA 규칙의 경우 물품이 선박에 적재되기 전에 물품의 인도가 이루어지므로 본선적재표기가 있는 선하증권(on board B/L)이 필요한 경우에는 매수인이 운송인에게 본선적재표시가 있는 선하증권을 발행하도록 지시하여야 한다.

비용의 분기점	매수인이 지정한 운송인에게 물품을 인도했을 때
위험의 분기점	매수인이 지정한 운송인에게 물품을 인도했을 때
운송계약	매수인
보험계약	매수인
수출통관	매도인
수입통관	매수인
표기방법	FCA + 지정된 인도장소

5. CFR : Cost and Freight(운임포함인도조건)

지정된 선적항에서 매수인이 지정한 선박에 물품을 적재하여 인도하거나 이미 그렇게 인도된 물품을 조달하고, 지정된 목적항까지의 운임을 매도인이 부담하는 규칙이다. 위험은 물품이 선박에 적재된 때 이전되고, 매도인은 명시된 물품이 실제로 목적지에 양호한 상태로 도착하는지를 불문하고 물품인도의무를 이행한 것으로 된다. CFR에서 매도인은 매수인에 대하여 보험 부보의 의무가 없다. 따라서 매수인은 스스로 부보하는 것이 좋다.

본 규칙은 해상이나 내수로운송방식에만 사용되어야 하며, 물품이 컨테이너터미널에서 운송인에게 인도되는 경우에는 CFR 대신에 CPT 규칙을 사용하는 것이 좋다. 여기서 '조달한다(procure)'고 규정한 것은 특히 일차상품거래(commodity trades)에서 일반적인 수차에 걸쳐 연속적으로 이루어지는 연속매매(string sale)에 적용하기 위함이다.

CFR에서 매도인은 선적항부터 합의된 목적항까지 운송하는 계약을 체결하여야 하며, 이때 물품의 인도는 선적항에서 이루어지고, 그 시점에 위험이 이전된다.

계약서에 항상 목적항을 명시하지만, 위험이 매수인에게 이전되는 선적항은 명시하지 않을 수도 있다. 선적항이 매수인의 관심사항인 경우에는 계약서에 선적항을 가급적 정확하게 명시하는 것이 좋다.

당사자들은 지정 목적항에서 비용의 분담이 이루어지기 때문에 지정 목적항 내의 지점을 가급적 정확하게 지정하는 것이 좋다. 해상운송구간을 복수의 운송인이 담당하는 경우에는 물품이 제1운송인에게 인도될 때 위험이 이전되는 것으로 간주한다.

매도인은 운송계약에 의거 목적항에서 발생한 양하비용을 부담한 경우에 당사자 간에 달리 합의되지 않는 한 그러한 비용을 매수인으로부터 별도로 상환받을 권리가 없다.

CFR에서는 매도인이 수출통관을 해야 하지만 수입통관, 수입관세를 납부하거나 수입통관절차를 수행할 의무가 없다.

비용의 분기점	지정된 목적항에 물품이 도착하였을 때
위험의 분기점	선박에 물품을 적재하였을 때
운송계약	매도인
보험계약	매수인
수출통관	매도인
수입통관	매수인
표기방법	CFR + 지정된 목적항

6. CIF : Cost Insurance and Freight(운임보험료인도조건)

지정된 선적항에서 매수인이 지정한 선박에 물품을 적재하여 인도하거나 이미 그렇게 인도된 물품을 조달하고, 지정된 목적항까지의 운임과 보험료를 매도인이 부담하는 규칙이다. 위험은 물품이 선박에 적재된 때 이전되고, 매도인은 명시된 물품이 실제로 목적지에 양호한 상태로 도착하는지를 불문하고 물품인도의무를 이행한 것으로 된다.

본 규칙은 해상이나 내수로운송방식에만 사용되어야 하며, 물품이 컨테이너터미널에서 운송인에게 인도되는 경우에는 CIF 대신에 CIP 규칙을 사용하는 것이 좋다. 여기서 '조달한다(procure)'고 규정한 것은 특히 일차상품거래(commodity trades)에서 일반적인 수차에 걸쳐 연속적으로 이루어지는 연속매매(string sale)에 적용하기 위함이다.

CIF에서 매도인은 선적항부터 합의된 목적항까지 운송하는 계약을 체결하여야 하며, 이때 물품의 인도는 선적항에서 이루어지고, 그 시점에 위험이 이전된다.

계약서에 항상 목적항을 명시하지만, 위험이 매수인에게 이전되는 선적항은 명시하지 않을 수도 있다. 선적항이 매수인의 관심사항인 경우에는 계약서에 선적항을 가급적 정확하게 명시하는 것이 좋다.

당사자들은 지정 목적항에서 비용의 분담이 이루어지기 때문에 지정 목적항 내의 지점을 가급적 정확하게 지정하는 것이 좋다. 해상운송구간을 복수의 운송인이 담당하는 경우에는 물품이 제1운송인에게 인도될 때 위험이 이전하는 것으로 간주한다.

매도인은 선적항부터 적어도 목적항까지 물품의 멸실이나 훼손과 같은 매수인의 위험에 대해서 보험계약을 체결해야 한다. 만약 목적지 국가가 자국의 보험자에게 부보하도록 요구하는 경우에는 CFR로 매매하는 것을 고려해야 한다. 또한 CIF에서 매도인은 협회적하약관(C)로 보험에 가입해야 하지만, 당사자 간의 합의에 의해 더 높은 수준의 보험에 가입하는 것을 합의할 수 있다.

매도인은 운송계약에 의거 목적항에서 발생한 양하비용을 부담한 경우에 당사자 간에 달리 합의되지 않는 한 그러한 비용을 매수인으로부터 별도로 상환받을 권리가 없다.

CIF에서는 매도인이 수출통관을 해야 하지만 수입통관, 수입관세를 납부하거나 수입통관절차를 수행할 의무가 없다.

비용의 분기점	지정된 목적항에 물품이 도착하였을 때
위험의 분기점	선박에 물품을 적재하였을 때
운송계약	매도인

보험계약	매도인
수출통관	매도인
수입통관	매수인
표기방법	CIF + 지정된 목적항

7. CPT : Carriage Paid To(운송비지급인도조건)

매도인과 계약을 체결한 운송인에게 물품을 인도하거나 이미 그렇게 인도한 물품을 조달하고, 지정된 목적지까지의 운송비를 매도인이 부담하는 규칙이다. 위험은 운송인에게 물품을 인도했을 때 이전되고, 매도인은 명시된 물품이 실제로 목적지에 양호한 상태로 도착하는지를 불문하고 물품인도의무를 이행한 것으로 된다.

본 규칙은 운송방식에 상관없이 사용할 수 있으며, 복수의 운송방식이 사용되는 경우에도 사용할 수 있다.

본 규칙은 물품의 인도장소와 목적지로서 합의된 장소 또는 지점이 중요하며, 당사자들은 매매계약서에 가급적 정확하게 실제인도장소와 목적지를 지정하는 것이 좋다.

여기서 '조달한다(procure)'고 규정한 것은 특히 일차상품거래(commodity trades)에서 일반적인 수차에 걸쳐 연속적으로 이루어지는 연속매매(string sale)에 적용하기 위함이다.

매도인은 운송계약에 의거 목적지에서 발생한 양하비용을 부담한 경우에 당사자 간에 달리 합의되지 않는 한 그러한 비용을 매수인으로부터 별도로 상환받을 권리가 없다.

CPT에서는 매도인이 수출통관을 해야 하지만 수입통관, 수입관세를 납부하거나 수입통관절차를 수행할 의무가 없다.

비용의 분기점	지정된 목적지에 물품이 도착하였을 때
위험의 분기점	매도인과 계약을 체결한 운송인에게 물품을 인도하였을 때
운송계약	매도인
보험계약	매수인
수출통관	매도인
수입통관	매수인
표기방법	CPT + 지정된 목적지

8. CIP : Carriage and Insurance Paid To
(운송비보험료지급인도조건)

매도인과 계약을 체결한 운송인에게 물품을 인도하거나 이미 그렇게 인도한 물품을 조달하고, 지정된 목적지까지의 운송비와 보험료를 매도인이 부담하는 규칙이다. 위험은 운송인에게 물품을 인도했을 때 이전되고, 매도인은 명시된 물품이 실제로 목적지에 양호한 상태로 도착하는지를 불문하고 물품인도의무를 이행한 것으로 된다.

본 규칙은 운송방식에 상관없이 사용할 수 있으며, 복수의 운송방식이 사용되는 경우에도 사용할 수 있다.

본 규칙은 물품의 인도장소와 목적지로서 합의된 장소 또는 지점이 중요하며, 당사자들은 매매계약서에 가급적 정확하게 실제인도장소와 목적지를 지정하는 것이 좋다.

매도인은 선적항부터 적어도 목적항까지 물품의 멸실이나 훼손과 같은 매수인의 위험에 대해서 보험계약을 체결해야 한다. 만약 목적지 국가가 자국의 보험자에게 부보하도록 요구하는 경우에는 CPT로 매매하는 것을 고려해야 한다. 또한 CIP에서 매도인은 협회적하약관 ICC(A)로 보험에 가입해야 하지만, 당사자 간의 합의에 의해 더 낮은 수준의 보험에 가입하는 것을 합의할 수 있다.

여기서 '조달한다(procure)'고 규정한 것은 특히 일차상품거래(commodity trades)에서 일반적인 수차에 걸쳐 연속적으로 이루어지는 연속매매(string sale)에 적용하기 위함이다.

매도인은 운송계약에 의거 목적지에서 발생한 양하비용을 부담한 경우에 당사자 간에 달리 합의되지 않는 한 그러한 비용을 매수인으로부터 별도로 상환받을 권리가 없다.

CIP에서는 매도인이 수출통관을 해야 하지만 수입통관, 수입관세를 납부하거나 수입통관절차를 수행할 의무가 없다.

비용의 분기점	지정된 목적지에 물품이 도착하였을 때
위험의 분기점	매도인과 계약한 운송인에게 물품을 인도하였을 때
운송계약	매도인
보험계약	매도인
수출통관	매도인
수입통관	매수인
표기방법	CIP + 지정된 목적지

9. DAP : Delivered At Place(도착지인도조건)

물품이 지정된 목적지에서 도착운송수단에 실어둔 채 양하준비된 상태로 매수인의 처분에 놓인 때 인도되는 규칙이다. 매도인은 물품을 지정목적지까지 가져가는 데 수반되는 모든 위험과 비용(수입통관비용 제외)을 부담한다.

본 규칙은 운송방식에 상관없이 사용할 수 있으며, 복수의 운송방식이 사용되는 경우에도 사용할 수 있다.

본 규칙은 목적지에서 위험이 매수인에게 이전되므로 가급적 명확하게 목적지점을 명시하는 것이 좋다. 목적지 전의 비용은 매도인이 부담하고 그 후의 비용은 매수인이 부담한다. 매도인은 합의된 목적지까지 운송하는 계약을 체결하거나 운송을 마련하여야 한다.

여기서 '조달한다(procure)'고 규정한 것은 특히 일차상품거래(commodity trades)에서 일반적인 수차에 걸쳐 연속적으로 이루어지는 연속매매(string sale)에 적용하기 위함이다.

매도인은 도착운송수단으로부터 물품을 양하(unload)할 필요는 없으나 운송계약에 의거 목적지에서 발생한 양하비용을 부담한 경우에 당사자 간에 달리 합의되지 않는 한 그러한 비용을 매수인으로부터 별도로 상환받을 권리가 없다.

DAP에서는 매도인이 수출통관을 해야 하지만 수입통관, 수입관세를 납부하거나 수입통관절차를 수행할 의무가 없다.

비용의 분기점	지정된 목적지에 물품이 도착하였을 때
위험의 분기점	지정된 목적지에 물품이 도착하였을 때
운송계약	매도인
보험계약	매도인
수출통관	매도인
수입통관	매수인
표기방법	DAP + 지정된 목적지

10. DPU : Delivered At Place Unloaded(도착지양하조건)

물품이 지정된 목적지에서 도착운송수단으로부터 양하된 상태로 매수인의 처분에 놓인 때 인도되고 위험이 이전되는 규칙이다. 매도인은 물품을 지정목적지까지 가져가서 양하될 때까지 수반되는 모든 위험과 비용(**수입통관비용 제외**)을 부담한다. 매도인이 양하의 위험과 비용을 부담하는 것을 원하지 않는 경우에는 DPU를 피하고 DAP를 사용하여야 한다.

본 규칙은 운송방식에 상관없이 사용할 수 있으며, 복수의 운송방식이 사용되는 경우에도 사용할 수 있다.

본 규칙은 목적지에서 위험이 매수인에게 이전되므로 가급적 명확하게 목적지점을 명시하는 것이 좋다. 목적지 전의 비용은 매도인이 부담하고 그 후의 비용은 매수인이 부담한다. 매도인은 합의된 목적지까지 운송하는 계약을 체결하거나 운송을 마련하여야 한다.

여기서 '조달한다(procure)'고 규정한 것은 특히 일차상품거래(commodity

trades)에서 일반적인 수차에 걸쳐 연속적으로 이루어지는 연속매매(string sale)에 적용하기 위함이다.

DPU에서는 매도인이 수출통관을 해야 하지만 수입통관, 수입관세를 납부하거나 수입통관절차를 수행할 의무가 없다.

비용의 분기점	지정된 목적지에 물품이 도착하여 내려졌을 때
위험의 분기점	지정된 목적지에 물품이 도착하여 내려졌을 때
운송계약	매도인
보험계약	매도인
수출통관	매도인
수입통관	매수인
표기방법	DPU + 지정된 목적지

11. DDP : Delivered Duty Paid(관세지급인도조건)

물품이 지정된 목적지에서 수입통관 후 도착운송수단에 실어둔 채 양하준비된 상태로 매수인의 처분에 놓인 때 인도되는 규칙이다. 매도인은 물품을 지정목적지까지 가져가는 데 수반되는 모든 위험과 비용을 부담한다.

본 규칙은 운송방식에 상관없이 사용할 수 있으며, 복수의 운송방식이 사용되는 경우에도 사용할 수 있다.

본 규칙은 인도가 도착지에서 일어나고 매도인이 수입관세와 해당되는 세금의 납부책임을 지므로 11가지 인코텀즈 규칙 중에서 매도인에게 최고수준의 의무를 부과하는 규칙이다.

본 규칙은 목적지에서 위험이 매수인에게 이전되므로 가급적 명확하게 목적지점을 명시하는 것이 좋다. 목적지 전의 비용은 매도인이 부담하고 그 후의 비용은 매수인이 부담한다. 매도인은 합의된 목적지까지 운송하는 계약을 체결하거나 운송을 마련하여야 한다.

여기서 '조달한다(procure)'고 규정한 것은 특히 일차상품거래(commodity trades)에서 일반적인 수차에 걸쳐 연속적으로 이루어지는 연속매매(string sale)에 적용하기 위함이다.

매도인은 운송계약에 의거 목적지에서 발생한 양하비용을 부담한 경우에 당사자 간에 달리 합의되지 않는 한 그러한 비용을 매수인으로부터 별도로 상환받을 권리가 없다.

DDP에서는 매도인이 수출통관 및 수입통관을 하여야 하고 또한 수입관세를 납부하거나 모든 통관절차를 수행하여야 한다. 따라서 수입통관을 매수인에게 맡기고자 하는 경우에는 DAP나 DPU를 선택하는 것을 고려해야 한다.

비용의 분기점	지정된 목적지에 물품이 도착하였을 때
위험의 분기점	지정된 목적지에 물품이 도착하였을 때
운송계약	매도인
보험계약	매도인
수출통관	매도인
수입통관	매도인
표기방법	DDP + 지정된 목적지

인코텀즈 실무

인코텀즈가 실무적으로 중요한 것은 위험의 이전시점에 따라 수출자와 수입자 중 누가 보험에 들지가 정해지고, 비용의 분담이 어디에서 이루어지느냐에 따라서 원가계산이 달라지기 때문이다. 인코텀즈에서 규정한 위험의 이전시점과 비용의 분담지점에 따라 보험을 누가 들고 원가계산을 어떻게 하는지를 정리해보면 다음과 같다.

1. 보험

물건이 수출국에서 수입국으로 이동하는 동안에 발생하는 사고에 따르는 손해를 보상해주는 적하보험의 경우 수입국에서 위험의 이전이 이루어지는 DAP, DPU, DDP 등 3가지 조건에서는 수출자가 보험에 들고, 수출국에서 위험의 이전이 이루어지는 나머지 조건에서는 수입자가 보험을 들어야 한다. 다만 수출국에서 위험의 이전이 이루어지는 8가지 조건 중 CIF와 CIP 조건에서는 예외적으로 수출자가 수입자를 대신해서 보험에 들도록 규정해 놓고 있다.

따라서 CIF나 CIP 조건으로 계약하면 보험은 수출자가 가입하지만 사고가 났을 때 보상은 수입자가 받게 되므로 수출자는 보험에 가입한 후 보험회사로부터 보험증권을 받아서 직접 또는 은행을 통해서 수입자에게 보내주어야 한다. 인코텀즈 2020에서는 CIF 조건은 협회적하약관 ICC(C), CIP 조건은 협회적하약관 ICC(A)로 보험에 가입하도록 규정해 놓았지만 당사자 간의 합의에 따라 부보조건을 바꿀 수 있다.

CIF와 CIP를 제외한 나머지 9가지 조건에 대해서는 서로 상대방을 위해서 보험에 가입할 의무가 없다고 인코텀즈에 규정해 놓았지만, 위험의 이전 시점에 따라 DAP, DPU, DDP 조건에서는 수출자가, EXW, FOB, FAS, FCA, CFR, CPT 조건에서는 수입자가 자신을 위해서 보험에 가입하는 것이 바람직하다.

결론적으로 11가지 정형거래조건 중에서 CIF, CIP, DAP, DPU, DDP 등 5가지 조건 중에 하나로 계약하면 수출자가 보험에 가입하고, 나머지 6가지 조건 중에 하나로 계약하면 수입자가 보험에 가입해야 한다.

2. 원가계산

수출자는 공장도가격에 정형거래조건별로 수출자가 부담해야 하는 부대비용(**운송비, 보험료, 통관비 등**)을 더해서 수출원가를 계산하고 여기에 수출자의 마진을 더해서 수입자에게 제시하면 된다. 수입자는 수출자가 제시한 가격에 정형거래조건별로 수입자가 부담해야 하는 부대비용을 더해서 수입원가를 계산한다. 인코텀즈 2020에서 규정한 비용의 분담시점에 따라서 11가지 조건별로 수출자와 수입자가 부담해야 하는 부대비용을 정리하면 다음의 표와 같다.

거래조건	수출국 내륙운송비	수출 통관비	해상 (항공)운임	보험료	수입 통관비	수입국 내륙운송비
EXW						
FCA	△	○				
FAS	○	○				
FOB	○	○				
CFR	○	○	○			
CIF	○	○	○	○		
CPT	○	○	○			△
CIP	○	○	○	○		△
DAP	○	○	○	○		△
DPU	○	○	○	○		△
DDP	○	○	○	○	○	△

위의 표에서 개별 조건별로 ○ 표시한 항목이 해당 거래조건에서 수출자가 부담해야 할 부대비용을 뜻하며, 빈칸으로 표시한 항목은 수입자가 부담해야 할 부대비용을 뜻한다. 따라서 수출원가를 계산할 때는 개별 조건별로 공장도가격에다 ○ 표시를 한 부대비용을 더하면 되고, 수입원가는 수출자가 제시한 금액에다 빈칸으로 표시한 부대비용을 더해서 계산하면 된다.

예를 들어 CIF 조건으로 거래한다면, 수출자는 수출국내륙운송비, 수출통관비, 해상(항공) 운임, 보험료 등을 더해서 수출원가를 계산하고, 수입자는 수출자가 제시하는 가격에다 수입통관비, 수입국내륙운송비 등을 더해서 수입원가를 계산하면 된다.

앞의 표에서 △로 표시한 것은 발생할 수도 있고 발생하지 않을 수도 있다는 뜻이다. 즉 FCA 조건에서 인도장소가 공장이나 창고인 경우에는 수출자가 수출국내륙운송비를 부담할 필요가 없으며, CPT, CIP, DAP, DPU, DDP 조건에서 인도장소가 항구인 경우에는 수입국의 내륙운송비를 부담할 필요가 없다.

3. 정형거래조건의 선택

실제 거래에서 어떤 정형거래조건을 적용할지는 수출자와 수입자의 합의에 따른다. 일반적으로 수출자가 임의의 거래조건(주로 FOB나 CIF)을 적용한 가격을 산출해서 수입자에게 제시하면, 수입자는 거래조건을 그대로 두고 가격만 네고하거나, 다른 거래조건으로의 변경을 요청할 수도 있다.

수입자가 거래조건의 변경을 요청할 경우 수출자는 수입자가 원하는 거래조건을 적용한 가격을 새로 산출하여 제시해야 한다. 예를 들어 FOB 조건으로 가격을 제시했는데 CIF 조건으로 바꿔달라고 하면 이미 제시했던 가격에다 목적항까지의 해상운임과 보험료를 더해서 제시하면 된다.

수출자의 입장에서 보면 거래조건에 따라 자신이 부담해야 하는 비용 및 위험을 반영한 가격을 수입자로부터 지급받게 되므로 어떤 거래조건을 적용하는 것이 유리 또는 불리하다고 단정할 수는 없다. 다만 비용 및 위험을 부담하는 구간이 큰 거래조건일수록 그만큼 신경을 많이 써야 하고 운송계약이나 보험계약에 따르는 일거리가 늘어나게 되므로 불편하다고 할 수 있다.

수입자의 입장에서도 어떤 거래조건을 적용하는 것이 유리 또는 불리하다고 단정할 수는 없으나, 수출자가 비용 및 위험을 부담하는 구간이 클수록 수입자로서는 그만큼 신경을 덜 써도 되고 운송계약이나 보험계약에 따르는 일거리도 줄어들게 되어 편리하다고 할 수 있다.

다만 수입자가 상대적으로 대기업이거나 수입물량이 많아서 운송계약이나 보험계약을 좀 더 유리한 조건으로 체결할 수 있다면 가급적 FOB와 같이 운송비나 보험료가 포함되지 않은 거래조건으로 계약함으로써 운송비나 보험료를 절약할 수 있다.

반대로 수출자가 상대적으로 대기업이거나 수출물량이 많아서 운송계약이나 보험계약을 유리한 조건으로 체결할 수 있다면 가급적 CIF와 같이 운송비나 보험료가 포함된 거래조건으로 계약하는 것이 바람직하다.

인코텀즈에서 규정한 대로 FOB, CFR, CIF 등의 거래조건은 해상 및 내수로 운송에만 사용할 수 있는 조건이며, 항공운송의 경우에는 FOB 대신에 FCA, CFR 대신에 CPT, CIF 대신에 CIP를 각각 사용해야 한다.

또한 해상운송인 경우라도 컨테이너에 탑재하여 운송할 때는 선박에 적재하여 인도하는 대신 선적항의 컨테이너 터미널에서 운송인에게 인도하는 것이 일반적이므로 FOB 대신에 FCA, CFR 대신에 CPT, CIF 대신에 CIP를 사용하는 것이 바람직하다.

위에 언급한 내용에도 불구하고 무역현장에서는 아직도 운송방식과 상관없이 FOB, CFR, CIF 조건을 사용하는 경우가 많으며, 이때 FOB 조건은

FOB 뒤에 명시된 지점까지 발생한 비용을 가격에 포함시키는 것으로 간주하고, CFR 및 CIF 조건에서는 CFR, CIF 뒤에 명시된 지점까지 발생한 비용을 가격에 포함시키는 것으로 간주한다.

중앙경제평론사 Joongang Economy Publishing Co.
중앙생활사 | 중앙에듀북스 Joongang Life Publishing Co./Joongang Edubooks Publishing Co.

중앙경제평론사는 오늘보다 나은 내일을 창조한다는 신념 아래 설립된 경제 · 경영서 전문 출판사로서
성공을 꿈꾸는 직장인, 경영인에게 전문지식과 자기계발의 지혜를 주는 책을 발간하고 있습니다.

인코텀즈 2020 7일만에 쉽게 끝내는 무역영어 〈최신 개정판〉

초판 1쇄 발행 | 2017년 4월 25일
초판 2쇄 발행 | 2018년 6월 15일
개정초판 1쇄 발행 | 2020년 1월 10일
개정초판 3쇄 발행 | 2022년 12월 15일

지은이 | 이기찬(KeeChan Lee)
펴낸이 | 최점옥(JeomOg Choi)
펴낸곳 | 중앙경제평론사(Joongang Economy Publishing Co.)

대 표 | 김용주
책임편집 | 이상희
본문디자인 | 박근영

출력 | 삼신문화 종이 | 에이엔페이퍼 인쇄 | 삼신문화 제본 | 은정제책사

잘못된 책은 구입한 서점에서 교환해드립니다.
가격은 표지 뒷면에 있습니다.

ISBN 978-89-6054-239-6(03320)

등록 | 1991년 4월 10일 제2-1153호
주소 | ㉾ 04590 서울시 중구 다산로20길 5(신당4동 340-128) 중앙빌딩
전화 | (02)2253-4463(代) 팩스 | (02)2253-7988
홈페이지 | www.japub.co.kr 블로그 | http://blog.naver.com/japub
네이버 스마트스토어 | https://smartstore.naver.com/jaub 이메일 | japub@naver.com
♣ 중앙경제평론사는 중앙생활사 · 중앙에듀북스와 자매회사입니다.

※ 이 책은《무역영어 이렇게 하면 된다》최신 개정증보판입니다.

※ 이 도서의 국립중앙도서관 출판시도서목록(CIP)은 서지정보유통지원시스템 홈페이지(http://seoji.nl.go.kr)와
국가자료공동목록시스템(http://www.nl.go.kr/kolisnet)에서 이용하실 수 있습니다.(CIP제어번호:CIP2019048732)